Printed in the United States
By Bookmasters

تعديل السلوك
" نظريا وإرشاديا"

تعديل السلوك

"نظريا وإرشاديا"

إعداد

د. حسين طه محادين أديب عبد الله النوايسة

٢٠٠٩

رقم الايداع لدى دائرة المكتبة الوطنية
(2008/7/2409)

155.28
المحادين، حسين طه
تعديل السلوك: نظريا وإرشاديا
حسين طه المحادين، أديب عبد اللـه النوايسة - عمان: دار الشروق، ٢٠٠٨
(208)ص
ر.إ.: 2008/7/2409
الواصفات: /علم النفس الاجتماعي/
تم إعداد بيانات الفهرسة الأولية من قبل دائرة المكتبة الوطنية

ISBN 978-9957-00-371-5 ردمك

- تعديل السلوك نظريا وإرشاديا
- الدكتور / حسين طه محادين، أديب عبد اللـه النوايسة
- الطبعة العربية الأولى :الإصدار الأول ٢٠٠٩
- جميع الحقوق محفوظة ©.

دار الشروق للنشر والتوزيع
هاتف: ٤٦١٨١٩٠/٤٦١٨١٩١/٤٦٢٤٣٢١ فاكس:٤٦١٠٠٦٥
ص.ب:٩٢٦٤٦٣ الرمز البريدي:١١١١٨ عمان - الأردن
Email: shorokjo@nol.com.jo

دار الشروق للنشر والتوزيع
رام اللـه-المصيون:نهاية شارع مستشفى رام اللـه
هاتف: ٢٩٧٥٦٣٢-٢٩٩١٦١٤-٢٩٧٥٦٣٣ فاكس:٠٢/٢٩٦٥٣١٩
Email: shorokpr@planet.com

الاخراج الداخلي وتصميم الغلاف وفرز الألوان والأفلام:
دائرة الإنتاج / دار الشروق للنشر والتوزيع
هاتف: ٤٦١٨١٩٠ فاكس ٤٦١٠٠٦٥ / ص.ب. ٩٢٦٤٦٣ عمان (١١١١٨) الأردن

"الكلمة الحكمة ضالة المؤمن
فحيث وجدها فهو أحق بها"

(حديث نبوي شريف)
(المعجم المفهرس لألفاظ الحديث،ن ج١، ص٤٩١)

المحتويات

الفصل الثالث

بسم الله الرحمن الرحيم

توطئة..

لعل من الدقة أن يستخدم العلماء والباحثون في العلوم الإنسانية في دراساتهم وتحليلاتهم مصطلح "العوامل المؤثرة" وليس مصطلح "الأسباب" كما هو الحال لدى أقرانهم في العلوم الطبيعية، وذلك لأن النفس البشرية تتأثر على الدوام في الكثير من المتغيرات اللحظية حسب المكان والزمان والأفكار التي تمور بداخلها وتؤثر بالتالي على سلوكياتها الظاهرة التي نلاحظها كدارسين، فهذه السلوكيات على أنها غير مستقرة على الدوام مما يصعب للآن مهمة العلوم الإنسانية في التنبؤ أو التوقع المسبق بممارستها المستقبلية مما يحول دون قدرتنا على ضبطها أو توجيهها قبل حدوثها.

وفي ضوء ما سبق؛ أملين أن تكون هذه المبادرة جزء من رؤية بحثية أوسع واشمل على صعيدي التأليف المشترك بين الباحثين والمؤسسات البحثية عموما خدمة لأغراض العلوم الإنسانية.

وقد جاء هذا الكتاب في ثمانية فصول حيث تناول الفصل الأول تعديل السلوك، مفهومة، وأهدافه، ومبادئه بالإضافة للمعايير المستخدمة في تحديده، وحل المشكلة السلوكية. في حين تناول الفصل الثاني مفهوم المشكلات السلوكية، وتصنيفها، ونماذج منها.

الفصل الثالث تضمن نماذج من المشكلات الصفية والمتمثلة بالتأخر الدراسي والعنف المدرسي، الهروب من المدرسة.

إما الفصل الرابع فقد احتوى على المشكلات السلوكية لذوي الاحتياجات الخاصة، والفصل الخامس تناول موضوع التشخيص، مفهومه، مراحله، ووسائل الكشف عن المشكلات السلوكية بالإضافة إلى تشخيصها.

وخصص الفصل السادس إلى موضوع الإرشاد والعلاج السلوكي متناولا مفهوم وخصائص، وخطوات علاج كل منهما. إما الفصل السابع يبحث التعزيز من حيث تعريفه، أنواعه، العوامل التي تؤثر فيه.

الفصل الثامن تناول نماذج من المقاييس والاختبارات المستخدمة في مجال المشكلات السلوكية. وأخيرا يسرنا أن نتقدم بالشكر الجزيل إلى من ساهم في إخراج هذا الكتاب إلى حيز الوجود ونخص بالذكر الدكتور أحمد عبد اللطيف أبو أسعد.

الفصل الأول

تعديل السلوك

مفهوم تعديل السلوك

تعديل وتغيير السلوك

طرق تعديل السلوك

الأهداف العامة لتعديل السلوك

المبادئ الأساسية لتعديل السلوك

حل المشكلات

التعريف العلمي للسلوك: هو التفاعل القائم بين الإنسان وبيئته، و يشير ضمنا إلى أن التفاعل عملية اجتماعية متواصلة وهادفة، فالسلوك لا يحدث في فراغ وإنما في بيئة نفس اجتماعية ما، وللمكان دوره البارز فيه من حيث الخصوصية أو المكان العام الذي يجري فيه كالجلوس في مقعد مشترك داخل حديقة أو ناد ما مثلا (المعايطة،٢٠٠٠) ولهذا فهو يؤثر في البيئة الاجتماعية ويتأثر بها، وبشكل عام فان السلوك هو كل ما يفعله الإنسان ظاهرا كان أم غير ظاهر من حيث الجذور النفسية له، وينظر إلى البيئة على إنها كل ما يؤثر في السلوك، كونه مجموعة من الاستجابات الملاحظة والبيئة بدورها تمثل مجموعة من المتغيرات. (عبيد،٢٠٠٨)

مفهوم تعديل السلوك: Behavior Modification

هو مدخل علاجي يقوم على استخدام مبدأ الثواب والعقاب عند أداء الطفل لأنماط سلوكية معينة. فتثاب الأنماط السلوكية المرغوبة أو تعزز وتعاقب الأنماط السلوكية غير المرغوبة، ويقوم هذا الأسلوب على أساس نظرية سكنر السلوكية، والتي تقول بأنه يمكن تعلم أي أسلوب جديد أو تغير أي سلوك قائم عن طريق إجراء تعديلات في بيئة المتعلم، والتركيز على تقديم المعززات في كل مرة يظهر فيها السلوك الملائم، والتعامل مع السلوك غير الملائم بالتجاهل أو بالعقاب والحد من السلوك غير الملائم وإحلال سلوكا ملائما بدلا منه..(الكوافحة، ٢٠٠٤)، ويذكر الخطيب(٢٠٠٤) أن تعديل السلوك هو التطبيق العملي لمبادئ النظرية السلوكية ومفاهيمها، وبخاصة مبادئ ومفاهيم الإشراط الإجرائي التي تتمثل بالتركيز على السلوك الظاهر القابل للقياس المباشر، وتنظيم أو إعادة تنظيم الظروف البيئية وبخاصة منها ما يحدث بعد السلوك، وتعديل السلوك في البيئة الطبيعية التي يحدث فيها، والتعامل مع السلوك بوصفه متعلما.

تعديل وتغيير السلوك

ينظر إلى تعديل السلوك على أنه أحد مجالات علم النفس التي تهتم بتحليل السلوك الإنساني وتعديله وفي ما يأتي عددا من التعريفات:

- تحليل Analyzing: وتعني تحليل العلاقات الوظيفية المتبادلة بين البيئة الاجتماعية والسلوك المحدد، وذلك لفهم ومحاولة تفسير لماذا حدث هذا السلوك؛ أو لتحديد لماذا سلك الشخص على النحو الذي سلك عليه؟.

- تعديلModifying :ويعني تطوير وتطبيق إجراءات مدروسة هادفة تساعد الفرد على تعديل و تغيير السلوك لاحقا، و يشتمل هذا على أحداث تعديل في بنية البيئة بهدف التأثير في السلوك المرغوب تعديله أو إطفائه.

- إجراءات تعديل السلوك Behavior modification procedures

وتعني هنا الإجراءات التي يستخدمها المهنيون والأخصائيون لمساعدة الفرد على إحداث تعديل وتغيير ملحوظ في السلوك. (الزريقات، ٢٠٠٧)

وتعد عملية تعديل أو تغيير السلوك في جوهرها عملية محو تعلم غير مرغوب فيه وإعادة تعلم أخر مرغوب في إتقانه ؛ وتسير عملية تعديل السلوك على النحو التالي:

ا. تحديد السلوك المطلوب تعديله أو تغيره بدقة.

ب. تحديد الظروف والخبرات المحيطة التي يحدث فيها السلوك المضطرب وكل ما يرتبط به، وما يسبقه من أحداث وخبرات وما يتلوه من عواقب جعلت الحكم عليه انه غير مرغوب ويجب تعديله بالتالي.

ج. تحديد العوامل المسئولة عن استمرار السلوك المضطرب أي عوامل التعزيز التي تفضي إلى هذا الاستمرار.

د . اختيار الظروف التي يمكن تعديلها بالتعاون بين كل من المرشد والعميل.

هـ إعداد جدول على هيئة خطوات علمية لإعادة التعلم والتدريب من خلال وضع المستهدف بالبرنامج ضمن خبرات ومواقف متدرجة يتم فيها إعادة التعلم والتدريب من خلال ممارسة السلوك الجديد في إطار الخبرة المعدلة بحيث يتم إنجاز البسيط والقريب قبل المعقد والبعيد وبصورة متناغمة.

و. تعديل الظروف والخبرات السابقة للسلوك المضطرب، وذلك بتعديل العلاقات بين الاستجابات وبين المواقف التي تحدث فيها.

ح. تعديل الظروف البيئية بما يؤدي إلى حدوث السلوك المرغوب في الظروف التي لم يكن يحدث فيها.(زهران، ١٩٨٠)

الأهداف العامة لتعديل السلوك

لكي ينجح المرشد التربوي في تغير سلوك الطالب فلا بد من صياغة خطط إرشادية ترتكز في أساسها على تحقيق الأهداف التالية

- مساعدة الطالب على تعلم سلوكيات جديدة غير موجودة لديه.
- مساعدة الطالب على زيادة السلوكيات المقبولة اجتماعيا والتي يسعى الطالب إلى تحقيقه
- مساعدة الطالب على التقليل من السلوكيات غير المقبولة اجتماعيا.
- تعليم الطالب أسلوب حل المشكلات.
- مساعدة الطالب على أن يتكيف مع محيطه المدرسي وبيئته الاجتماعية.
- مساعدة الطالب على التخلص من مشاعر القلق والإحباط والخوف.(الفسفوس، ٢٠٠٦)

المبادئ الأساسية لتعديل السلوك

هناك العديد من الأساليب التي استخدمت لمعالجة السلوك، وفيما يلي عرضا مختصرا لبعض هذه الأساليب:-

(١):مبدأ التعزيز Reinforcement:

(ا)- أسلوب التعزيز التفاضلي (Differential reinforcement)

ويعرف التعزيز على انه أي نتيجة ينتهي بها السلوك بحيث تزيد من احتمال حدوثه في المستقبل. والمعزز عبارة عن حدث أو مكافأة تزيد من احتمال حدوث السلوك وتكراره في المستقبل عندما يعقبه المعزز.وبمعنى آخر وهو عملية تدعيم السلوك المناسب، أو زيادة احتمالات تكراره في المستقبل بإضافة مثيرات إيجابية، أو إزالة مثيرات سلبية بعد حدوثه، ولا يقتصر وظيفة التعزيز على زيادة احتمالات تكرار السلوك في المستقبل فقط، فهو ذو أثر إيجابي من الناحية النفسية أيضا.ومن أشكال التعزيز المعززات الأولية، المعززات الاجتماعية، معززات مادية، معززات نشاطية، معززات رمزية. ويشتمل هذا الإجراء على تعزيز السلوكيات الاجتماعية المرغوب بها، وتجاهل السلوكيات الاجتماعية غير المرغوب بها. ويشتمل هذا الإجراء على تعزيز الفرد في حالة امتناعه عن القيام بالسلوك غير المقبول الذي يراد تقليله لفترة زمنية معينة، وكذلك يشتمل هذا الإجراء على تعزيز الفرد لقيامه بأي سلوك مرغوب فيه ماعدا السلوك الذي يراد تقليله..(الخطيب، ١٩٨٧)

إجراءات التقليل المعتمد على التعزيز

١. التعزيز التفاضلي للسلوك الآخر:Differential reinforcement of other behavior

وهو تعزيز الشخص في حالة امتناعه عن القيام بالسلوك غير المرغوب فيه

لفترة زمنية محددة، ويعتمد طول تلك الفترة على معدل حدوث السلوك المستهدف قبل البدء بمعالجته، ويتطلب استخدام هذا الإجراء تحديد السلوك المراد تقليله وتعريفه إجرائيا، وتحديد الفترة الزمنية التي يجب على الشخص الامتناع عن تأدية السلوك المستهدف أثنائها، وتعزيز الشخص في حالة امتناعه عن تأدية السلوك المستهدف في الفترة التي تم تحديدها.

٢. التعزيز التفاضلي للسلوك البديل Differential reinforcement of alternative behavior

يسمى هذا الإجراء (الإشراط المضاد) Counter conditioning، إذ انه يشتمل على تعزيز الشخص على القيام بسلوك لا يوافق والسلوك غير المرغوب فيه، فبدلا من توبيخ الطالب أو معاقبته جسديا عندما لا يجيب عن الأسئلة دون أن يرفع يده، ويثني عليه عندما يرفع يده للإجابة.

٣. التعزيز التفاضلي لانخفاض معدل السلوك Differential reinforcement of low rates

وهو تعزيز الشخص عندما يصبح معدل حدوث السلوك غير المرغوب فيه لديه أقل من قيمة معينة يتم تحديدها مسبقا (يوسف،١٩٩٣؛ المجالي،٢٠٠٥).

(ب)-.التعزيز الرمزي (Token reinforcement)

يعرف نظام التعزيز الرمزي بأنه إجراء يشتمل على تقديم معززات رمزية حال حدوث السلوك المرغوب فيه وهذه المعززات تستبدل بها في وقت لاحق الأشياء المفضلة، وهذه المعززات الرمزية مثل النجوم أو الطوابع ليس لها أي قيمة تذكر بحد ذاتها (على الأقل في بداية الأمر) ولكنها تكتسب ميزة التعزيز من كونها تستبدل بها معززات أولية أو ثانوية مختلفة تسمى بالمعززات الداعمة، ويستخدم التعزيز الرمزي في خفض السلوك العدواني عن طريق استخدام لوحة النجوم.

حيث يقال للطفل بأنه سوف يأخذ نجمة عن كل ساعة يقضيها دون إزعاج وحين يجمع الطفل عددا معينا ومتفقا عليه من النجوم يعطى مكافأة مادية مقابل تلك النجوم، وكذلك فإن لعبة السلوك الجيد تعتبر من أحد الأساليب التي تعتمد على هذا الإجراء حيث تشتمل هذه الطريقة على تقسيم الطلبة في مجموعتين يتم وضع معايير محددة للفوز باللعبة ومكافأة الفريق الفائز (الخطيب، ١٩٨٨).

(ج)-. تعزيز السلوك المعاكس أو البديل،

حيث يقوم المعلمون في بعض المواقف بشكل غير مقصود بتعزيز السلوك المناقض للسلوك الذين يرغبون فيه، فعلى سبيل المثال قد يستجيب المعلم لسلوك الطالب غير المهذب من خلال ملاحظة تشير إلى عدم الموافقة وذلك بهدف التأثير فيه.

(٢): مبدأ المحو أو الانطفاء: Extinction

هو خمود في استجابة الكائن الحي نتيجة عدم التعزيز، فكلما تكررت استجابة ولم يصحبها إشباع لحاجة أو تخفيض لتوتر، أو أن صحبها عقاب فمن المتوقع تضاؤلها تدريجيا حتى تختفي من سلوك الكائن الحي، وهنا يقال أنه قد حدث انطفاء.أي أن تضعف الاستجابة أو يقضى عليها بسبب عرض أو تقديم المثير الشرطي بدون التدعيم المعتاد. وبمعنى آخر هو اختفاء أو عدم ظهور سلوك معين، وقد يحدث ذلك نتيجة تعديل مخطط للأهداف أو الاحتياجات أو نتيجة استبعاد التعزيز الخاص باستجابة ما.(طه، د.ت؛ الشخص، ١٩٩٢)

وينص مبدأ المحو على أن التعزيز الذي كان يحافظ على استمرارية حدوث السلوك سيؤدي إلى إيقاف ذلك السلوك، وبناء على ذلك فإن تجاهل سلوك الفرد الذي كان يحظى بالانتباه في الماضي هو شكل من أشكال المحو.(الخطيب، ١٩٩٤)، في حين تعد عملية الإطفاء أسلوبا علاجيا هاما يتم استخدامه منفردا

أو ضمن حزمة من الإجراءات العلاجية المختلفة فعدم الاستجابة لبكاء الطفل، قد يقود إلى خفض معدلات البكاء له بشكل تدريجي. (ضمرة، ٢٠٠٧)

(٣): أسلوب العزل أو الإقصاء

يشتمل هذا الإجراء على إزالة الفرد من الموقف الذي حدث به العدوان مباشرة بعد قيامه به لمدة زمنية معينة وذلك بهدف حرمانه من الحصول على التعزيز كلما قام بالسلوك العدواني،، وهذا الإجراء يشتمل على حرمان الفرد من إمكانية الحصول على التعزيز حال تأديته السلوك غير المرغوب فيه والذي يراد تقليله، ويعتبر الإقصاء إجراء عقابيا يعمل على تقليل أو إيقاف السلوك غير المقبول من خلال إزالة المعززات الإيجابية مدة زمنية محددة مباشرة بعد حدوث ذلك السلوك ويمكن أن يأخذ الإقصاء احد الشكلين التاليين:

ا. إقصاء الفرد عن البيئة المعززة.

ب. سحب المثيرات المعززة من الفرد مدة زمنية محددة بعد تأديته للسلوك غير المرغوب فيه مباشرة. (الخطيب، ١٩٨٨).

(٤): مبدأ التصحيح الزائد (Overcorrection)

هذا الإجراء عادة ما يشتمل على توبيخ الفرد بعد قيامة بسلوك غير مرغوب فيه مباشرة، وتذكيره بما هو مقبول وما هو غير مقبول ومن ثم يطلب منه إزالة الأضرار التي نتجت عن سلوكه غير المقبول أو تأدية سلوكيات نقيضه للسلوك غير المقبول الذي يراد تقليله بشكل متكرر لفترة زمنية محدده. وبالإضافة لما سبق يشتمل أسلوب التصحيح الزائد على ثلاثة عناصر هي:-

* تحذير الطفل لفظيا.

* الممارسة الايجابية، وتشتمل على الطلب من الطفل بأن يرفع يده التي ضرب بها طفلا آخر وأن ينزلها أربعين مرة مباشرة بعد قيامه بالسلوك العدواني.

* إعادة الوضع إلى أفضل مما كان عليه قبل حدوث السلوك العدواني، وذلك من خلال الاعتذار عدة مرات للطفل الذي اعتدى عليه. (الخطيب، ١٩٨٨).

(٥): مبدأ العقاب:Punishment

هو الحدث التابع للسلوك الغير المرغوب فيه، والذي يخفض من احتمالية حدوثه في المستقبل، حيث أن مثل تلك الأحداث تقلل السلوك بسبب ما تحمله من خبرات جسمية أو نفسية غير سارة. وقد يكون العقاب على شكل عقاب بدني أو غير بدني، ويكون العقاب البدني من خلال الضرب والصفع والقرص ولي الذراع وحتى الوخز أحيانا تستخدم من قبل المعلمين في المدرسة لخفض السلوك غير المرغوب عند الطالب، أما العقاب غير البدني فيكون على شكل إعطاء الطالب واجبات إضافية، التأخير عن الفسحة، أو التأخر بعد انتهاء الدوام المدرسي، أو تعريض الفرد لمثيرات بغيضة أو مؤذية في حال تأديته للسلوك العدواني أو حرمانه من إمكانية حصوله على التعزيز وذلك بعد قيامة بالسلوك العدواني مباشرة، ويعتبر هذا الإجراء من الأساليب التي لا يحبذ استخدامها بشكل كبير في تعديل السلوك العدواني، لأنه يترتب على استخدامه سلبيات كبيرة على السلوك الإنساني ومن هذه السلبيات قد يولد العقاب وخاصة الشديد العنف والهجوم المضاد ومشاعر سلبية تجاه الآخرين. وأيضا العقاب لا يعلم سلوكا جديدا، لكنه يكبح السلوك غير المرغوب فيه فقط. أي انه يعلم الشخص المعاقب (ماذا لا يفعل، ولا يعلمه ماذا يفعل). وقد يولد العقاب أحيانا السلوك الهروبي والتجنبي، فقد يتظاهر الطالب بالتمارض والتغيب عن المدرسة تجنبا للعقاب، ويتجنب كذلك التفاعل الاجتماعي مع من يقوم بالعقاب. والعقاب الجسدي الشديد قد يؤدي إلى إيذاء جسدي من جرح أو كسر أو إحداث إعاقة جسدية أو صحية مزمنة (المجالي، ٢٠٠٥؛ يحيى،٢٠٠٠).

يشتمل هذا الإجراء على تعريض الفرد لمثيرات بغيضة أو مؤذية في حال

تأديته للسلوك العدواني أو حرمانه من إمكانية حصوله على التعزيز وذلك بعد قيامه بالسلوك العدواني مباشرة. ووفقا للتعريف السلوكي فالعقاب السلوكي هو الحدث التابع للسلوك والذي يخفض من احتمالية حدوثه في المستقبل بما تحمله من خبرات جسمية أو نفسية منفرة وغير سارة.(روبزو، ٢٠٠٢؛ الخطيب، ١٩٨٧؛ أبو هاشم، ٢٠٠٧)

ويعتبر هذا الإجراء من الأساليب التي لا يحبذ استخدامها بشكل كبير في تعديل السلوك العدواني، لأنه يترتب على استخدامه سلبيات كبيرة على السلوك الإنساني ومن هذه السلبيات:

١. قد يولد العقاب وخاصة الشديد العنف والهجوم المضاد ومشاعر سلبية تجاه الآخرين.

٢. العقاب لا يعلم سلوكا جديدا، أنه يكبح السلوك غير المرغوب فيه فقط.أي انه يعلم الشخص المعاقب (ماذا لا يفعل ولا يعلمه ماذا يفعل).

٣. يولد العقاب أحيانا السلوك الهروبي والتجنبي، فقد يتظاهر الطالب بالتمارض والتغيب عن المدرسة تجنبا للعقاب، ويتجنب كذلك التفاعل الاجتماعي مع من يقوم بالعقاب.

العقاب الجسدي الشديد قد يؤدي إلى إيذاء جسدي من جرح أو كسر أو إحداث إعاقة جسدية أو صحية مزمنة(الخطيب، ١٩٨٨).

(٦): التدريب على المهارات الاجتماعية:

يرى أصحاب نظرية التعلم الاجتماعي أن السلوك العدواني ينشأ نتيجة افتقار الفرد إلى المهارات الاجتماعية المناسبة في تعامله مع الآخرين، ويؤكد باندورا (Bandura) أن الفرد يلجأ لممارسة السلوك العدواني لأنه فشل في تعلم طرق أكثر ملائمة للتفاعل مع الناس، وبناء على ذلك يعتقد أن معالج العدوان

تتطلب مساعدة الطفل على اكتساب المهارات الاجتماعية المقبولة التي يفتقر إليها، ويشمل هذا الإجراء على ما يلي:

أ.تقديم المعلومات المناسبة للطفل حيث يشتمل هذا العنصر على توجيه الطفل فيما يتعلق بكيفية تأدية السلوك الاجتماعي بطريقة مناسبة.

ب. التغذية الراجعة: وتقدم للطفل بعد امتثاله للتعليمات التي قدمت له، ويجب أن تكون التغذية الراجعة ايجابية وتصحيحية.

ج. النمذجة: إذا تبين للمعالج أن التعليمات والتغذية الراجعة لم تؤد إلى اكتساب الطفل للسلوك المرغوب فيه، فهو يلجأ إلى النمذجة، فقد يقوم المعالج للطفل " هذه المرة أنا سأفعل ذلك، راقب جيدا، ويطلب المعالج من الطفل تقليده.

د. الممارسة السلوكية: وهي تعني ممارسة الطفل للسلوك المقبول مرارا وتكرارا إلى أن يترسخ ذلك السلوك لديه.

هـ التعزيز: يقوم المعالج بتعزيز الطفل وفقا لقوانين محددة وذلك بهدف تشكيل السلوك المستهدف تدريجيا.(الخطيب، ١٩٨٧)

(٧): التدريب على المهارات المعرفية:

لقد انبثق هذا الأسلوب في معالجة السلوك العدواني من النموذج المعروف بالعلاج السلوكي المعرفي، والذي يركز على الدراسة الإمبريقية للعمليات المعرفية وعلاقتها بالسلوكيات غير الكيفية، فإتباع هذا النموذج يعتقدون بأن العمليات المعرفية من تفكير وتخيل وشعور والأحداث الخاصة لدى الفرد يمكن أن تخضع لنفس القوانين التي تخضع لها السلوكيات الظاهرة، ولهذا يمكن تغييرها بالطرق نفسها، وقد حاولت دراسات عديدة معالجة السلوك العدواني من خلال تغيير العمليات المعرفية.(الخطيب، ١٩٨٧)

(٨): الضبط الذاتي

تعود أهمية مفهوم ضبط الذات باعتباره عملية يمكن للفرد من خلالها توجيه سلوكه وامتلاك الدافع الداخلي للتغيير، والذي يؤدي إلى نتائج إيجابية، ويمكن تعريف إستراتيجية الضبط الذاتي بأنها العملية التي من خلالها يتعرف الفرد على العوامل الأساسية التي توجه وتقود وتنظم سلوكه، والتي ينتج عنها في النهاية نتائج أو توابع معينه. (أبو هاشم، ٢٠٠٧)، تعتبر قدرة الفرد على ضبط ذاته إحدى شروط الصحة النفسية، فالفرد السوي هو الذي يستطيع أن يتحكم في رغباته، وأن يكون قادرا على إرضاء وإشباع حاجاته وأن يتنازل عن لذات قريبة عاجلة في سبيل ثواب آجل أبعد أثرا وأكثر ديمومة، فهو لدية قدرة على ضبط ذاته، وعلى إدراك عواقب الأمور.(أبو هاشم، ٢٠٠٧).

(٩). مبدأ ضبط المثير:Stimulus control

يعرف مبدأ ضبط المثير على أنه أحد مبادئ الاشراط الاجرائي التي تشتمل على تطوير علاقة بين مثير واستجابة معينة من خلال إزالة كل المثيرات التي ترتبط بتلك الاستجابة وإزالة كل الاستجابات التي ترتبط بذلك المثير. (الخطيب، ١٩٩٤)

ويتمثل ضبط المثير بالسيطرة على السلوك من خلال التحكم بالمثيرات البيئية. وهذا يتطلب ملاحظة المثيرات التي تسبق الاستجابة غير المرغوبة وإبعادها، وجعل المثيرات التي تدعو إلى السلوك المرغوب ظاهرة بارزة بالإضافة إلى تعزيزها، ويستوجب تقديم التنبيه مع التعزيز لكي يتحقق السلوك المرغوب.(الظاهر، ٢٠٠٣

(١٠): مبدأ التمييز:Discrimination

ويشتمل هذا المبدأ على تعلم مهارة التفريق بين المثيرات المتشابهة

والاستجابة للمثيرات المناسبة فقط، فالإفراد غالبا ما يتصرفون بشكل مختلف اعتمادا على تمييزهم للمواقف المختلفة، والتمييز يمكن تعلمه بسهولة نسبيا وذلك من خلال أسلوب التدريب التمييزي والذي يتم فيه تعزيز الاستجابة بوجود مثير معين وعدم تعزيزها في حالة حدوثها بوجود مثيرات أخرى. (ضمرة، ٢٠٠٧؛ الخطيب، ١٩٩٤)

(١٣): مبدأ التعميم:Generalization

ينص هذا المبدأ على أن تعلم الفرد لسلوك معين في موقف معين سيدفعه إلى القيام بذلك السلوك في المواقف المشابهة للموقف الأصلي دون تعلم إضافي. فإذا أدى تعلم السلوك في موقف ما إلى حدوث ذلك السلوك في مواقف مشابهة فهذا يسمى تعميم المثير، وإذا أدى تعلم استجابة معينة إلى حدوث استجابات مشابهة فهذا يسمى تعميم الاستجابة. (الخطيب، ١٩٩٤)

ومن خلال ملاحظة نتائج التعزيز على السلوك وجد أن تعزيز سلوك ما قد يعود إلى تقوية أنماط السلوك الأخرى المشابهة للسلوك المعزز. (ضمرة، ٢٠٠٧)

المعايير المستخدمة في تحديد السلوك

هناك مجموعة من المعايير التي لابد من استخدامها في تحديد السلوك السوي من السلوك غير السوي، فجميع المعايير المستخدمة بهذا الشأن فيها مواطن ضعف، مما يجعل الاعتماد على أي منها دون اخذ المعايير الأخرى بعين الاهتمام أمر غير مناسب، ومن هذه المعايير:

١. المعيار الاجتماعي هو المعيار الذي يعتمد في تحديد السلوك على معايير المجتمع من عادات وتقاليد وقيم.فالسلوك الذي يوافق قيم المجتمع وعاداته يعتبر سويا،وما يتعارض مع قيم المجتمع وعاداته يعتبر غير

سوي، ويختلف هذا المعيار من مجتمع إلى أخر، ومن بيئة إلى أخرى، ومن زمن إلى زمن آخر. علما بان المعايير الاجتماعية تتسم بالمرونة في بعض جوانبها كحدود المشاركة للأطفال في بعض المناسبات الاجتماعية كالافرح والأتراح عموما، ولكنها صارمة في جوانب أخرى كصعوبة مشاركتهم أو حضورهم أصلا عند طرح الكبار لمشكلات خاصة مثل الاعتداءات الجنسية ومصاحباتها في المجتمع المحلي (محادين،٢٠٠٧) والانتقاد الموجه لهذا المعيار انه يلغي فردية وشخصية الإنسان لان على الفرد الامتثال للتقاليد في المجتمع.

٢. المعيار الذاتي أي شعور الفرد أو عدم شعوره بالرضا عن سلوكه، ويشمل حكم الفرد نفسه على سلوكه، فإذا كان الفرد راضيا عن سلوكه، فليس لديه مشكلة، أما إذا كان غير راض عن سلوكه فلديه مشكلة، والانتقاد الموجه لهذا المعيار أن الفرد يكون لديه مشكلات سلوكية ولكنه راض عن ذلك تماما.

٣. المعيار النفسي الموضوعي يعتمد هذا المعيار على تحليل السلوك ودراسته دراسة علمية وتحديد الخلل بناء على الدراسة الموضوعية للسلوك ويتضمن سلوك الفرد الحالي وتاريخه السابق والاستعانة بالاختبارات وأساليب جمع المعلومات للوصول إلى التشخيص لتحديد السلوك بأنه سوي أو غير سوي.

٤. المعيار الإحصائي يعتبر سلوك الفرد غير سوي إذا انحرف بشكل ملحوظ عن المتوسط الحسابي (ما يفعله معظم الناس) أي عن الأفراد الذين تشبه سلوكياتهم سلوكيات أغلبية الناس في المجتمع. (شهاب،اد الموجه لهذا المعيار أن السلوك يعتبر سويا إذا كان شائعا بين الناس، أما إذا كان غير شائع فهو غير سوي. (شهاب، ٢٠٠٣)

حل المشكلات السلوكية

عرف جيتس وجيرسيلد وتشلمان حل المشكلة بأنها حالة يسعى خلالها الفرد للوصول إلى هدف، يصعب الوصول إليه بسب عدم وضوح أسلوب الحل أو صعوبة تحديد وسائل تتيح تحقيقه بسبب عقبات تعترض هذا الحل وتحول دون وصول الفرد إلى ما يريد. وإشارة إلى كل من أشكرافت (Ashcraft) وأندرسون (Anderson) أن حل المشكلة يجب أن يتمتع بالخصائص آلاتية:

ا. التوجه نحو الهدف (Goal Directed Tedness)، ويعني توجيه جهد الفرد العقلي في محاولة الوصول إلى الهدف، بحيث يتم استثناء أحلام اليقظة و مشتتات التفكير.

ب. تحليل أو تفكيك الهدف الكلي إلى أهداف جزئية (Sub goal Decomposition)، بحيث يشكل إنجاز كل خطوة من خطوات حل المشكلة هدفا جزئيا، هنا يقوم الفرد بتفكيك الهدف الكلي إلى أهداف جزئية ومتابعة العمل من أجل الوصول إلي الأهداف الجزئية واحدا تلو الآخر، إلى أن يتم الوصول إلي الهدف الكلي.

ج. سلسلة التحركات يتضمن نشاط حل المشكلة تنفيذ سلسلة من التحركات الملائمة لتحقيق الأهداف الجزئية، ومن الأمثلة عليها: حل المسائل التي تتطلب استخدام القسمة الطويلة.

د- العمليات المعرفية يتم استخدام عمليات عقلية متنوعة، و يتطلب الوصول إلى الهدف بتبني سلسلة من التحركات، والتحرك سلوك عقلي ضمن هذه السلسلة ، وقد يصاحب السلوك العقلي سلوكا حركيا أثناء حل مشكلة معينة. (المسيعديـن، ٢٠٠٧).

مفهوم المشكلات السلوكية

تصنيف المشكلات السلوكية

العوامل المؤدية لشيوع المشكلات السلوكية

نماذج من المشكلات السلوكية

أولا: النشاط الزائد: (Hyperactivity)

ثانيا: السلوك العدواني

ثالثا: تشتت الانتباه (Attention Deficit)

رابعا: الكذب (Lying)

خامسا: الخوف Fearful:

سادسا: التبول اللاإرادي: Enuresis

سابعا: الاغتراب والقلق الاجتماعي

ثامنا: الخجل shy

تاسعا: الاعتمادية الزائدة (Over dependency)

عاشرا: السرقة (Stealing):

تعديل السلوك "نظريا وإرشادياً"

الحادي عشر: البكاء الزائد: Crying

الثاني عشر: الغضب: Rage

الثالث عشر: الغيرة (Jealousy)

الرابع عشر: التمركز الزائد حول الذات (الأنانية): Selfishness

الخامس عشر: مص الإبهام Thumb sucking و قضم الأظافر Nail biting

السادس عشر: العناد (التمرد والعصيان): Disobedience

السابع عشر: الانسحاب الاجتماعي (Withdrawal)

الثامن عشر: تدني مفهوم الذات (concept Low self)

التاسع عشر: الإحباط: Frustration

مفهوم المشكلات السلوكية:-

هناك عدة تعريفات للمشكلات السلوكية؛ نذكر منها الأتي:

- **التعريف الاصطلاحي**: هي عبارة عن صعوبات جسمية أو تعبيرية أو نفسية اجتماعية تواجه بعض الأفراد بشكل متكرر، ولا يمكنهم التغلب عليها بأنفسهم إلا بإرشادات وتوجيهات والديهم ومعلميهم وحتى أصدقائهم المخلصين الذين يثقون بهم،وان بقاء مثل هذه المعيقات يقود إلى صعوبة توافق هؤلاء الأفراد ويعيق نموهم النفسي أو الاجتماعي، فيسلكوا سلوكا غير مقبول اجتماعيا؛ كالانزواء أو تجنب التفاعل العلني مع الآخرين، مما يضعف ثقتهم بأنفسهم، وتقل بالتالي فاعليتهم وقابليتهم للتعلم أو حتى المشاركة الايجابية مع الآخرين.

- يقصد بها السلوكيات التي تثير الشكوى أو التذمر لدى الفرد أو أهله أو العاملين في المؤسسة التربوية (المدرسة) والتي تستوجب تقديم النصح أو الإرشاد من المختصين للتغلب على تلك المشكلات. (رواقه وآخرون، ١٩٩٨)

- هناك من يعرفها على أنها سلوكات غير مقبولة يقوم بها الطفل وتقاس بأنها الدرجة التي يحصل عليها المفحوص من خلال استجابة المعلمة لفقرات الأداة وتقديرها لدرجة انتشار السلوك لديه. (البطوش، ٢٠٠٧)

تصنيف المشكلات السلوكية

لقد تعددت المشكلات السلوكية حتى أصبح من الصعب أن نجد تصنيفا واحدا يتفق عليه المهتمون، ومن هذه التصنيفات:

أولا: تصنيف (وودي) للمشكلات السلوكية، حيث يقسمها إلى:

ا. الاضطرابات السلوكية البسيطة التي تضم الأطفال الذين يعانون من اضطرابات سلوكية، ويمكن للمعلم في المدرسة أن يقدم لهم المساعدة من خلال البرامج الإرشادية.

ب. الاضطرابات السلوكية المتوسطة التي تضم الأطفال الذين يعانون من مشاكل ولكن يحتاجون إلى مساعدة مختص، وبعض الخدمات الإرشادية.

ج. الاضطرابات السلوكية الشديدة التي تضم الأطفال الذين يعانون من مشكلات انفعالية، ويحتاجون إلى خدمات فريق التقييم المختص.

ثانيا: تصنيف جروبر الذي اعتمد الجانب التربوي في تصنيف الاضطرابات السلوكية:

أ. المستوى العادي الذي يتوافق مع المعيار العادي للسلوك من حيث الشدة والتكرار والاستمرارية، وقد تظهر المشكلة السلوكية في المستوى العادي نتيجة لواجبات تعليمية جديدة.

ب. مستوى المشكلة: في هذا المستوى تكون المشكلة السلوكية منحرفة عن المعيار العادي للسلوك من حيث الشدة والتكرار والاستمرارية، حيث تؤدي إلى اضطراب الطفل بشكل ملحوظ.

ج ـ مستوى الإحالة: حيث تكون المشكلة السلوكية من حيث الشدة والتعقيد بحيث لا يمكن للمعلم أن يتعامل معها، مما يتطلب تحويل الطفل إلى أخصائي الاضطرابات السلوكية للتعامل مع هذه الحالة. (الظاهر، ٢٠٠٤)

ثالثا: تصنف كواي للمشكلات السلوكية:

(١). اضطرابات التصرف مثل العدوان والمشاغبة والعناد وسوء العلاقات الاجتماعية مع كل من الكبار والإقران.

(٢). مشاكل الشخصية مثل مشكلات الانسحاب الناشئة عن القلق وفيها ينسحب الطفل من الاتصال بالإقران، كما يتميز بشدة الخوف والتوتر والقلق والخجل والاكتئاب وكثير ما يكون الشعور بالنقص وانخفاض تقدير الذات جزءا مكملا لهذا النمط.

(٣). مشكلات عدم النضج وفيها يجد الطفل صعوبة في مواجهة المطالب اليومية، كما يكون مرتبطا بصعوبات تعلم تنطوي على عدم التركيز وعدم التوافق الحسي والحركي والملل وعدم الاهتمام بالإحداث العامة.

٤. الجنوح الاجتماعي مثل السرقة،الهروب من المدرسة.(موسى والصباطي، ١٩٩٣؛ الظاهر، ٢٠٠٤)

العوامل المؤدية لشيوع المشكلات السلوكية

إذ تعزى المشكلات السلوكية عند المراهقين إلى ثلاثة عوامل متفاعلة هي:

(١).عوامل تتعلق بأنماط التنشئة الاجتماعية داخل الأسرة، وما يسود الجو الأسري من علاقات مبنية على النبذ والكره للطفل من قبل والديه أو إخوانه، أو على صراع الأدوار وغياب تقسيم العمل داخل الأسرة والذي قد ينتهي إلى حالات من التفكك والطلاق،فتنعكس هذه المعطيات السلبية المعاشة على سلوك الطفل في جميع مراحل حياته مما يصبغ خبرات الطفولة لدية بألوان سلبية وكامنة ستنعكس لاحقا على مواقفه من ذاته ومن الآخرين أفرادا ومؤسسات. وحين يستمر أداء الأدوار داخل الأسرة بشكل عشوائي تغيب معايير الصواب والخطأ و مبررات الثواب والعقاب وتصبح الأمور شديدة الغموض والتداخل بالنسبة للوالدين والأبناء فإن هذه البيئة الأسرية المضطربة تكون تربة خصبة لاضطراب السلوكي الظاهري والمخفي بحكم الخوف السائد (محادين،٢٠٠٧).

(٢)- عوامل اجتماعية بيئية: فالأطفال الذين ينشئون في بيئات فقيرة محرومة من الاحتياجات الأساسية ومليئة بالسلوكيات المضطربة كالعدوان وتعاطي المخدرات يصبحون أكثر عرضة لاضطرابات السلوك.

(٣) - عوامل نفسية:

- اضطراب علاقة الطفل بالأم كأن تكون الأم قاسية أو غير قادرة على إشباع حاجات الطفل البيولوجية والنفسية.

- سيطرة شخصية الأم أو غياب الأب: فالأطفال الذين يعانون من غياب آبائهم نتيجة للسفر أو العمل لمدة طويلة ربما يكونون عرضة لاضطراب السلوك أكثر من غيرهم.

- الشعور بالإحباط: فالطفل الذي يشعر أنه فاشل وأنه لا يستطيع تحقيق آماله وأحلامه نظرا لصعوبات كثيرة في نفسه (كضعف إمكانياته وملكاته الجسمانية أو النفسية) أو في الأسرة التي لا تسمح له بالتعبير عن نفسه فإنه يلجأ إلى السلوكيات العدوانية كتعويض وكنوع من إثبات الذات ومعاقبة الآخرين الذين أحبطوه.

(٤)- استباحة الأطفال وسوء معاملتهم:

فالأطفال الذين تعرضوا للإيذاء الجسدي أو الجنسي لفترات طويلة يكونون أقرب لاضطرابات السلوك، وخاصة إذا كان الطفل غير قادر على التعبير اللفظي عن معاناته حينئذ لا تكون هناك وسيلة للتعبير عن غضبه غير العنف الجسدي.

(٥)- مرحلة المراهقة وحساسيتها.

يمكن القول إن شيوع هذه المشكلات في هذه المرحلة أكثر من غيرها يعود إلى عوامل رئيسة منها:

١. أن طبيعة مرحلة المراهقة تفرض واقعا معينا على حياة المراهق تجعله يعيش في صراع مستمر بينه وبين ذاته من جهة، ومن ثانية مع العالم المحيط به.

٢. المراهق قلق بسبب المتطلبات النمائية والمدرسية الكثيرة، من تحضير ودراسة وامتحانات، والخوف من الفشل، والتفكير بالجنس الآخر، وضغوط الأهل وكبر توقعاتهم منه، وتأتي هذه المشاكل مكملة لمشاكل المراهقة، ومرحلة البلوغ الجنسي، فالمراهق يريد أن يثبت نفسه أمام هذه التحديات الصعبة، لا سيما وانه جديد على هذه المواقف لم يخبرها أو يهيأ لأدائها من قبل كما تفترض أنماط التنشئة السليمة.

٣. المراهق في هذه المرحلة يبقى معتمدا على والديه، لكن نسبة الاعتمادية هذه تقل مع تقدمه في السن كما يفترض ، إلا انه يبقى معتمدا اقتصاديا عليهما، وقد يعيش صراعا بين نزعة الاستقلال ونزعة الاعتماد على الذات، يقوده إلى التأرجح بين الشعور بالقلق أو إلى المزيد من الاعتماد والتخاذل والانطواء، كما قد يدفعه ذلك التوزيع الذهني إلى التمرد والعدوان.

٤. نظرا للتغيرات الفسيولوجية والعضوية التي تطرأ على جسم وذهنية المراهق، فأنه يبقى خجولا من نفسه ومن الآخرين، إذ أن المراهق لا يرغب في أن يسمع نقدا موجها لشخصه، ويفسر كل مساعده له من قبل والديه أو الآخرين على إنها تدخل في أموره وإساءة معاملته.

٥. عوامل تتعلق بالرفاق (الأقران) الذين يتعامل المراهق معهم ويتأثر بهم، إذ من المؤكد إن طبيعة هذه العلاقة واتجاهها تنعكس على سلوك المراهق وتصرفاته على الدوام. (الضامن، ١٩٨٤؛ المهدي؛ موسى والصباطي، ١٩٩٣)

نماذج من المشكلات السلوكية

أولا: النشاط الزائد: (Hyperactivity)

مفهوم النشاط الزائد: يستمد هذا المفهوم جذوره من نظرية الطاقة الزائدة لتفسير اللعب التي أطلقها عالم الاجتماع سبنسر(Spencer) عام١٨٦١ .

ويعرف آخرون النشاط الزائد بأنه حركات جسمية تفوق الحد الطبيعي أو المقبول يصحبها عدم القدرة على التركيز على نحو يجعل الطفل عاجزا عن السيطرة على سلوكياته وانجاز المهمات، ويستطيع الأبوان اللذان يتصفان بدرجة معقولة من الموضوعية معرفة إذا كانت كمية أو درجة النشاط الإرادي واللاإرادي عند طفلهم مختلفة عما هي لدى مجموعة رفاق الطفل من الجنس نفسه، وإذا ما كان في شك من الأمر فإن زيارة لأحد الصفوف أو أماكن الترفيه للأطفال الذين هم في عمر طفلهما تساعدهما على التيقن من الأمر، كما أن الطلب من أحد الأصدقاء القيام بمراقبة الطفل وتقديم معلومات موضوعية عن مستوى نشاطه قد تساعد الأبوين إلى حد بعيد، والفكرة الهامة هي أن النشاط الزائد يظهر من خلال النشاط غير الملائم وغير الموجه بالمقارنة مع سلوك الطفل النشط الذي تتسم فعالياته بأنها هادفة ومنتجة، ومن المؤشرات العملية للأبوين التقارير المتكررة عن كون الطفل لا يستقر، أو أنه دائم التجول في المكان ويتسلق الجدران في مواقف مختلفة، وكذلك تكرار فشله في إتمام أية مهمة يكلف بها على الرغم من شدة نشاطه وكونه نادرا ما يجلس هادئا فهو دائم الحركة، فالنشاط الزائد ينتشر بشكل أكبر بين الذكور وبين أبناء الطبقات الفقيرة، كما يجب ملاحظة أن ارتفاع مستوى النشاط أمر طبيعي وشائع بين الأطفال الذي هم في عمر سنتين أو ثلاث سنوات كعمر زمني أو كعمر عقلي، وبين الأطفال الميالين إلى الاستكشاف والأذكياء جدا ممن هم عرضة لانتقاد الراشدين ومن يعيشون في بيئات فقيرة. (البطوش، ٢٠٠٧).

يمكن تعريف النشاط الزائد بأنه أي نشاط حركي حاد ومستمر يقوم به الطفل في أغلب وقته، بحيث تمنعه هذه الحركات من الانتباه والتركيز نحو موضوع ما، ولا يكون للطفل القدرة على التعاون مع الآخرين ولا على تحملهم. وحتى يتم تصنيف الطفل على انه يعاني من أعراض الحركة الزائدة يجب أن تظهر لدى الطفل بعض الأعراض التالية، وهذه الأعراض هي:

١. زيادة ملحوظة في معدل ودرجة النشاط والحركة مقارنة مع الدرجة المتعارف عليها عند الأطفال العاديين.

٢. عدم ملائمة السلوك الحركي بطبيعة الموقف، حيث يكون الطفل ذا نشاط وحركة في وقت يتطلب فيه الموقف الإنصات والانتباه أو الاستماع للتعليمات.

٣. عدم ملائمة السلوك الحركي بطبيعة المكان مثل التنقل في أرجاء البيت عند القيام بزيارة لأحد الأصدقاء أو المعارف (المجالي، ٢٠٠٥)

٤. يتململ الطفل دائما في مقعده ويتلوى بيديه ورجليه.

٥. يظل يمشي ذهابا وإيابا في المكان الذي يوجد فيه وذلك بدون سبب أو هدف محدد.

٦. دائما ما يكون المكان الذي يوجد فيه غير منظم، وتكون الأدوات التي يتضمنها مبعثرة.

٧. عادة ما يسبب الطفل ضجيجا وضوضاء، ويتحدث بكثرة ولا يستطيع أن يؤدي المهام المطلوبة أو النشاط المستهدف بهدوء. (بخش، ٢٠٠١)

أسباب النشاط الزائد:

هناك عوامل كثيرة تفسر النشاط الزائد وتحديد أسبابه حيث أن الباحثين يميلون إلى الاعتقاد بأن النشاط الزائد ليس نتيجة لعامل واحد بل هو نتيجة لعدة عوامل تتعامل فيما بينها ومن أهم تلك العوامل:

١. العوامل الوراثية (Genetic Factors):

هناك افتراض بأن هذا الاضطراب موروث، وقد اشتقت الأدلة المؤيدة لذلك من عدة مصادر، منها دراسات التوائم ودراسات التبني، ودراسات الأسرة.

وقد تبين من دراسة أجريت على (٢٣٨) زوجا من التوائم بأن (٥١%) من التوائم المتماثلة لديهم نشاط زائد، و(٣٣%) من التوائم غير المتماثلة لديهم نشاط زائد (يوسف، ٢٠٠٠).

٢. العوامل العضوية (Organic Factors):

يبدو أن الأطفال الذين يظهرون نشاطا زائدا لديهم اضطراب دماغي بسيط، إلا أن التلف الدماغي قد لا يؤدي بالضرورة إلى النشاط الزائد، وأن النشاط الزائد لا عرضا ضروريا أو شائعا من أعراض التلف الدماغي.(يحيى، ٢٠٠٠)

العوامل النفسية (Psychological factors):

تلعب العوامل النفسية دورا مهما في تشكل النشاط الزائد، وتشمل هذه العوامل الضغوط النفسية والإحباطات الشديدة ومن ناحية أخرى يعتقد أن الأطفال يتعلمون النشاط الزائد من خلال الملاحظة (النمذجة) للوالدين وأفراد الأسرة الآخرين، كذلك قد يعزز الوالدان النشاط الزائد لدى الطفل عن طريق استجابتها لما يصدر عنه من أفعال، وكما هو الحال بالنسبة للمتغيرات الأخرى، فإن الأدلة العلمية المتوفرة لا تزال محددة (يوسف، ٢٠٠٠؛ الخطيب، ١٩٩٢).

مظاهر الحركة الزائدة:

يمتاز الأطفال الذين يظهرون نشاط الحركة الزائد بالمظاهر السلوكية التالية:

ا. الأطفال ذوو الحركة الزائدة لا يمتلكون القدرة على التركيز على ما يهمهم بل ينتبهون بشكل طفيف لأي مثير عابر.

ب. لا يستفيدون من نتائج أعمالهم ولا يتذكرون عواقب ما حدث بعد انقضائه أخر مرة كأنهم يتعلمون القليل من خبراتهم.

ج. لا يستطيع الجلوس لفترة طويلة في المقعد.

د. الإفراط في الكلام.

هـ تدني التحصيل الدراسي.

و. تتميز حركاتهم بالاندفاع وعدم التبصر

ز. ضعف الانتباه. (العمايرة، ٢٠٠٢).

ثانيا: السلوك العدواني (العدوان) Aggression

يمثل السلوك العدواني مشكلة من أخطر المشكلات الاجتماعية في العصر الحديث، لأنها تجمع ما بين التأثير النفسي والاجتماعي والاقتصادي على كل من الفرد والمجتمع. ويمارس الأطفال في المراحل العمرية المبكرة والمتوسطة بعض أنماط السلوك العدواني ويعد مثل هذا السلوك عاديا يرتبط بالخصائص النمائية للأطفال، ويلاحظ في بعض الحالات أن شدة السلوكيات العدوانية ومدى تكرارها تكون ملفته للنظر لدى بعض الأطفال بحيث تكون فوق الحد المقبول وقد تتوافق العدوانية لدى هؤلاء الأطفال بأنواع أخرى من الاضطرابات الانفعالية والسلوكية، أو أنها تشكل مظهرا مميزا للاضطراب الانفعالي أو السلوكي الذي يعاني منه بعض الأطفال، وقد تستمر هذه العدوانية لدى هؤلاء الأطفال وتتفاقم خلال مراحل النمو اللاحقة لتصبح سمة بارزة في شخصياتهم الأمر الذي يستدعي التدخل ومحاولة علاج هذه المشكلة لمساعدتهم على النمو والتكيف السليمين. (البطوش، ٢٠٠٧)

تعريف السلوك العدواني:

السلوك العدواني Aggressive behavior: هو السلوك الذي يقصد به فاعله

إيقاع الأذى بالآخرين، سواء كان هذا السلوك جسميا كأن (يضرب، يركل، يدفع، بعض، يرمي الأشياء) أو لفظيا كأن (يشتم، يستهزأ، يقرع، يتمتم) أو يميل إلى إيقاع الأذى بالممتلكات كأن يدمر أو يخرب ما حوله.(الضامن، ١٩٨٤؛ McGee& Lord,2001)

يعريف (الحميدي، ٢٠٠٤) العدوان على انه سلوك بشري ممزوج بالغضب والكراهية أو المنافسة الزائدة، فيه خروج عن المألوف، بهدف إيذاء الغير أو الذات، وقد يكون فطريا غريزيا، أو نتيجة لمثير خارجي، وهو إما إن يكون سلوكا ماديا أو رمزيا، لتحقيق حاجات الفرد في السيطرة والتفوق وحب السلطة، أو تعويضا عن الإحباط والحرمان والظلم. (الحميدي، ٢٠٠٤)

العدوان: سلوك يهدف إلى إحداث نتائج تخريبية أو مكروهة أو إلى السيطرة من خلال القوة الجسدية أو اللفظية على الآخرين وهذا السلوك يعرف اجتماعيا على انه عدواني.(الظاهر، ٢٠٠٠)

مصطلحات مرادفة لمعنى العدوان:

- العدوانية:Aggressiveness: يقصد بالعدوانية الشعور الداخلي بالغضب والاستياء والعداوة ويعبر عنه ظاهريا في صورة فعل أو سلوك يقصد به إيقاع الأذى والضرر بشخص أو شيء ما، كما يوجه أحيانا إلى الذات، ويظهر في شكل عدوان لفظي أو بدني، كما يتخذ صورة التدمير وتلاف الأشياء. والعدوانية ترتبط بعدم التجاوب الانفعالي، وهو عدم قدرة الطفل على التعبير بحرية وتلقائية عن مشاعره تجاه الآخرين وخاصة المشاعر الايجابية وصعوبة قبول المودة والحب من الآخرين. (سلامة، ١٩٩٠؛ العنزي، ٢٠٠٤)، ويعرفها آخرون وهي ميل للقيام بالعدوان وإظهار العداوة، وميل لفرض مصالح المرء وأفكاره الخاصة

رغم المعارضة، أو للسعي إلى السيطرة في الجماعة (التسلط الاجتماعي) إذا وصل الأمر حد التطرف.

- العنف: Violence، صورة من صور الإيذاء البدني أو المادي يصدر عن الفرد أو الجماعة.

وعلى الرغم من وجود تداخل كبير بين مصطلح العدوان والمصطلحات السابقة، يرى (سليمان وعبد الحميد، ١٩٩٤) أن العدوانية مصطلح يتضمن ثلاثة مفاهيم أساسية هي:-

- العدوان Aggression، ويقصد به الهجوم الصريح على الذات أو الآخر، ويأخذ الشكل البدني أو اللفظي أو التهجم.

- العدائية Hostility، وهي ما يحرك العدوان وينشطه كالغضب والكراهية.

- الميل للعدوان Aggressively، وهو ميل أو حلقة تربط بين العدائية كمحرك، والعدوان كسلوك فعلي.

أشكال السلوك العدواني:

يتخذ السلوك العدواني أشكالا وصورا متعددة يمكن تنظيمها كما يلي:

أولا: من حيث الأسلوب:

١ - عدوان لفظي، سلوك لفظي مباشر أو غير مباشر يستهدف إلحاق الأذى أو الضرر بالآخرين، بهدف استفزازهم أو السخرية منهم.

٢ - عدوان أشاري، رمزي، وفيه يمارس الفرد سلوكا يرمز إلى احتقار الآخر، أو قد يقود إلى توجيه الانتباه إلى إهانة، باستخدام الإشارات باللسان واليد.

٣- عدوان جسدي، مادي، وفيه تستخدم أشياء مادية لإلحاق أذى بدني بالآخر أو الذات.

ثانيا: من حيث المصدر:

١. عدوان فردي، سلوك يتجه به الشخص إلى إيقاع الأذى بغيره من الأفراد أو الجماعات أو الأشياء.

٢. عدوان جمعي، وهو سلوك تمارسه جماعة ضد شخص أو جماعة أو أشياء وما يرمز لهم.

ثالثا: من حيث الهدف:

١. عدوان موجه نحو الذات، وقد يتخذ صورا متعددة كلطم الوجه وضرب الرأس.

٢. عدوان موجه نحو الآخرين، وفيه يوجه العدوان نحو الآخرين أو الأشياء وما يرمز لهم.

رابعا: من حيث الطريقة:

١. عدوان مباشر، حيث يوجه الفرد مباشرة إلى مصدر الإحباط أو نحو الموضوع الأصلي للمثير.

٢. عدوان غير مباشر، ويوجه إلى أحد رموز الموضوع الأصلي، أو أي شيء تربطه صله بالموضوع الأصلي.

خامسا: من حيث الإيجاب والسلب:

عدوان إيجابي، ويهدف إلى الحماية من الهجوم الخارجي أو بغرض الاستقلال.

عدوان سلبي، ويؤدي دائما إلى التدمير والخراب.

سادسا: من حيث مظهره:

١. العدوان العدائي، ويستخدمه الطفل انتقاما من آخر أغضبه في موقف سابق.

٢. العدوان الو سيلي، ويستخدمه الفرد كوسيلة للحصول على مآرب معينة. (مطاوع، ٢٠٠٦)

مظاهر السلوك العدواني

ويصنف زيلمان Zillman في (سعيد دبيس، ١٩٩٩) أن السلوك العدواني يتمثل في أربعة محاور تتفاوت في مظاهرها التعبيرية، وهي كالأتي:

١. الاعتداء: وهو الذي يهدف الفرد من خلاله إلحاق الأذى والضرر المادي أو البدني بالآخرين الذين لديهم الرغبة في تحاشي مثل هذا السلوك.

٢. العداوة: وهي التي يهدف الفرد من خلالها إلى الإساءة للآخرين دون إلحاق الضرر المادي أو البدني بهم.

٣. التهديدات العدوانية: وهي التي تستخدم أحيانا كوسيلة لمواجهة العدوان أو العداوة وينظر إليها كوسيلة أو إشارة تسبق العدوان المتعمد.

٤. السلوك التعبيري: وهو السلوك المتمثل في صورة الغضب أو الانزعاج الذي يمكن التعبير فيه بصورة تشبه في طبيعتها سلوك العدوان ولمنها تصل إلى مستوى العدوان أو العداوة. (دبيس، ١٩٩٩)

تفسير العدوان

هناك العديد من النظريات التي حاولت إن تفسر السلوك العدواني لدى الأطفال والمراهقين، وأيضا هناك نظريات تحدثت عن وجود غريزة عامة للمقاتلة لدى الإنسان، بينما أكدت نظريات أخرى، جانب التعليم في السلوك العدواني، فصغار السن يتعلمون السلوك العدواني من خلال ملاحظتهم لنماذج السلوك لدى الآباء والأخوة والرفاق، وملاحظة النماذج العدوانية التي تقدمها

أجهزة الاتصال الجماهيري، وهناك من فسر السلوك المنحرف بأنه يحدث نتيجة لتناقض الأهداف التي يسعى الفرد لتحقيقها في ثقافة ما مع الوسائل المشروعة التي يجيزها المجتمع لتحقيق تلك الأهداف، فإذا كانت الأهداف عامة ومشتركة بين جميع فئات المجتمع فإن الوسائل المشروعة لتحقيقها غير متاحة بصورة عادلة، ويؤدي ذلك إلى ظهور السلوك المنحرف. (عويدات وحمدي، ١٩٩٧)

ويتناول هذا الجزء الافتراضات الأساسية التي تقوم عليها بعض النظريات الشائعة في تفسير السلوك العدواني وهي: وجهة النظر البيولوجية، نظرية التحليل النفسي، فرضية العدوان الناتج عن الإحباط، وجهة النظر السلوكية.

(١) النظرية البيولوجية Biological perspective

تتمثل وجهة النظر البيولوجية في النظر إلى الإنسان على انه عدواني بطبيعته، وأن العدوان محصلة للخصائص البيولوجية للإنسان، وأكدت بعض الدراسات أن هناك علاقة بين العدوان من جهة واضطراب الجهاز الغددي والكروموسومات ومستوى النشاط الكهربائي في الجهاز العصبي المركزي من جهة أخرى.أي أن هذه النظرية تلقي الضوء على العوامل البيولوجية في الكائن الحي التي تحرض على العدوان كالصبغات والهرمونات والجهاز العصبي والغدد الصماء والتأثيرات البيوكيميائية والأنشطة الكهربائية في المخ.

(٢) نظرية التحليل النفسي Psychoanalysis

أشار فرويد إلى أن العنف غريزة فطرية، وأن الغرائز هي قوة دافعة للشخصية تحدد الاتجاه الذي يأخذ السلوك، وافترض فرويد أن الإنسان يولد ولديه صراع بين غريزتي الحياة والموت، وقد أشار فرويد إلى أن غريزة العدوان، هي قوة داخل الفرد تعمل بصورة دائمة على محاولة تدمير الفرد لنفسه، حيث أن قوى غرائز الحياة قد تعيق هذه الرغبة (الزبيدي، ٢٠٠٧)، فكل إنسان يخلق ولديه نزعه نحو

التخريب ويجب التعبير عنها بشكل أو بأخر. فإذا لم تجد هذه الطاقة منفذا لها إلى الخارج (البيئة) فهي توجه نحو الشخص نفسه. و لكون العدوان طاقة لا شعورية داخل الإنسان، فلا بد من التعبير عنه سلوكيا.

و ليتم ذلك فلا بد من أثاره خارجية تستحث الطاقة العدوانية الغريزية على التعبير عن نفسها. وإما أن يكون العدوان مباشرا، أي سلوك موجه نحو مصدر التهديد أو الإثارة بشكل مباشر، أو عدوانا بديلا (Substitute aggression) أي سلوك موجه نحو مصادر بديله لمصدر الإثارة في حاله تعذر الاعتداء عليها. وإما أن يكون عدوانيا خياليا (fantasy aggression) وذلك من خلال مشاهدة أفلام العنف والجريمة، والتوحد مع شخصيات المعتدين. فالمحلل النفسي يغمد إلى تحويل العدوان أو توجيهه نحو أهداف بناءه بدلا من الأهداف التخريبية والهدامة.

(٣) نظريه العدوان الناتج عن الإحباط Frustration – aggression hypothesis

يوصف الإحباط بأنه شعور ذاتي يمر به الفرد عندما يواجه عائق ما يحول دون تحقيق هدف مرغوب أو نتيجة يتطلع إليها، والإحباط يؤدي إلى الغضب ومن ثم في الغالب إلى العدوان (الزبيدي، ٢٠٠٧) ويرى أصحاب هذه النظرية (دولار وزملاءه) أن العدوان ليس فطريا ولكنه محصله لمستوى الإحباط الذي يواجهه الإنسان. فكلما ازداد الإحباط وتكرر حدوثه ازدادت شدة العدوان. في حين يعرف هؤلاء الباحثين الإحباط على انه خبره مؤلمه تنتج عن عدم مقدرة الإنسان على تحقيق هدف ضروري له ، ويعتقد بيركوتزان أن الإحباط لا يؤدي إلى العدوان بشكل مباشر ولكنه يؤدي إلى الغضب مما يجعل الإنسان مهيأ للقيام بالسلوك العدواني، ولعل الصعوبة الأساسية التي واجهتها هذه النظرية أن الإنسان قد يحبط ولا يعتدي وقد يعتدي دون أن يواجه الإحباط. فالإحباط يولد الدافع للعدوان ويمكن خفض هذا الدافع بممارسة سلوك العدوان.

وتعتبر نظرية الإحباط من أكثر النظريات دقة في تفسير العنف، حيث تنطلق من فرضية غاية في البساطة ومسلمة أساسية مفادها أن العنف هو نتيجة الإحباط، وتفترض أنه لكي يحدث السلوك العنيف لا بد أن يسبقه الإحباط الذي يقود غالبا إلى شكل من أشكال العنف، وقد يكون هذا الشكل من العنف لفظيا مثل توجيه ألفاظ نابية إلى شخص ما، أو بدنيا كإلحاق الأذى أو الضرر البدني بشخص ما، مع التأكيد بأن الإحباط لوحده لا يؤدي إلى العنف ما لم يعقبه الشعور بالغضب الذي يهيئ الفرد للعنف، ومن محرضات العنف حسب نظرية الإحباط هي: الازدحام السكاني وحالة الفقر ومستوى تعليم الفرد والعمر ومفهوم الذات. (حسن،١٩٩٨).

وتعتبر عملية علاج هذه الظاهرة حاجة ماسة، لكن حتى يكون العلاج ناجحا يجب دراسة العنف ومحاولة الوقوف على أسبابه ودوافعه وأشكاله، ويشير الحوامدة (٢٠٠٣) إلى إمكانية معالجة العنف في الجامعة من خلال الخطوات التالية:

١. أن تبتعد وسائل الإعلام عن عرض الأفلام المثيرة للعنف والرعب.

٢. زيادة الأنشطة الطلابية ودعمها لملئ أوقات الفراغ والتنفيس عن الطاقات الكامنة.

٣. تكثيف التواصل مع الطلبة للإطلاع على ما يستجد من مشكلات أولا بأول لمعالجتها.

٤. إيجاد مادة رئيسية تهتم بالقضايا السلوكية والمجتمعية كمتطلب جامعة إجباري.

٥. دعم الجوانب الايجابية في حب الانتماء للعشائر والعائلات مع التأكيد على

الوقوف صفا منيعا في وجه الجوانب السلبية التي تنتج عن العصبية.(الختاتنة، ٢٠٠٧)

(٤). النظرية السلوكية "الاتجاه السلوكي:Behavioral approach

ترى أن العدوان تتعلمه العضوية إذا ارتبط بالتعزيز، ويعرف بوس (Buss) العدوان بأنه عبارة عن استجابة تقدم فيها العضوية مثيرا مزعجا إلى عضوية أخرى، فمن وجهة النظر السلوكية إذا ضرب الولد شقيقه وحصل على ما يريد فإنه سوف يكرر عدوانه مرة أخرى كي يحقق هدفه كذلك. ومن هنا فإن العدوان من وجهة نظر السلوكية سلوك يؤدي إلى نتائج مرغوبة. (أبو هاشم، ٢٠٠٧)

(٥). نظرية التعلم الاجتماعي

يشير أنصار نظرية التعلم الاجتماعي وعلى رأسهم صاحب النظرية "ألبرت باندورا" إلى أن العنف سلوك اجتماعي متعلم مثل غيره من أنواع السلوكيات الأخرى، ويصنف باندورا العنف باعتباره مدى واسع من السلوك يتم بناؤه لدى الإنسان نتيجة التفاعل مع الآخرين والتعلم من خلال النمذجة وكذلك الخبرة السابقة التي يكتسب فيها الشخص الاستجابات العدوانية، وتوقعه أشكالا متنوعة من التدعيم وتلقي المكافئات غير المادية كالمركز الاجتماعي، والاستحسان والتخلص من الأسى أو العدالة العقابية (الزبيدي، ٢٠٠٧)، ويعتقد أصحاب هذه النظرية بأن العدوان ينتج عن ثلاثة عوامل هي: المبادرة والتعزيز والتعليم عن طريق التقليد. (أبو هاشم، ٢٠٠٧) ومن أهم الفرضيات الأساسية لنظرية التعلم أن العلاقة المتبادلة بين الآباء والأبناء والخبرات التي يمر بها الطفل في مرحلة الطفولة المبكرة، تشكل شخصية الفرد عند البلوغ، لذلك فإن سلوك العنف ينتقل عبر الأجيال وأن إساءة معاملة الطفل يؤدي إلى سلوك عدواني تبدأ بذوره في حياته المبكرة، ويستمر في علاقته مع أصدقائه وأخوته وبعد ذلك والديه ومدرسيه، والوالدين بسلوكهما في محيط الأسرة يزودان الطفل بنماذج سلوكية حية تؤثر في سلوكه في مختلف جوانب الحياة، فإن صلحت

هذه النماذج تركت أثرا حسنا، وإن فسدت أدت إلى سوء التكيف (الزبيدي، ٢٠٠٧) وتتخلص نتائج البحوث العلمية التي أجراها أتباع نظرية التعلم الاجتماعي على العدوان على النحو التالي:

ا. يتعلم الإنسان العدوان من خلال ملاحظة النماذج العدوانية. فالأطفال يتأثرون إلى درجه كبيره بسلوكيات والديهم ومعلميهم وزملائهم.ويفترض الباحثون أن وسائل الأعلام قد تكون مسؤوله إلى حد كبير عن انتشار العدوان لدى الأطفال.

ب. يزيد احتمال تقليد الإنسان للنماذج العدوانية إذا كان النموذج ذا مكانه اجتماعيه مرموقة. وعندما يلاحظ الإنسان انه لا يعاقب على ذلك السلوك.

ج. يتعلم الإنسان أن يسلك على نحو عدواني عندما تتاح له الفرصة للممارسة العدوان، وأيضا أذا ترتب على هذه الممارسة مكافأة ما.

د. تزيد احتمالات قيام الإنسان بالعدوان عندما يتعرض لمثيرات مؤذيه) مثلا عندما يؤذى جسديا أو عندما يهدده الآخرون). وهو قد يتعلم من خلال مشاهدته للآخرين أو من خلال الممارسه أن باستطاعته الحصول على ما يريد بالعدوان.

(٦) نظرية الاشراط الإجرائي (Operant conditioning)

يعتقد السلوكيون أن السلوك العدواني تزداد احتمالات حدوثه في المستقبل عندما تكون نتائجه ايجابية، وتقل عندما تكون نتائجه سلبية، فهذا المبدأ يشكل حجر الأساس في نموذج الاشراط الإجرائي الذي طوره العالم النفسي الأمريكي سكنر. (الخطيب، ١٩٨٧)

(٧). النظرية المعرفية:

وتهتم هذه النظرية بدراسة الخبرة الذاتية من حيث إدراك الفرد لذاته

وللأحداث والوقائع التي تقع له، وفي دراستها للعدوان تركز هذه النظرية على السياق النفسي والاجتماعي للشخص الذي يمارس السلوك العدواني، وعلى الظروف والتغيرات التي أدت به إلى إعاقة نموه وإلى استخدام العنف والسلوك العدواني للتعبير عن ذاته وتحقيقها بالتصدي لهذه الإعاقات التي تحول دون تحقيق ذاته، ومن أهم هذه الإعاقات التي تراها النظرية دافعا للسلوك العدواني، شعور الفرد بالفوارق الطبيعية بالغة الحدة التي تعوقه دون تحقيق ذاته، لذا فهو يعتدي بالتخريب والتدمير على نواتج هذه الظروف كما تتبين في مظاهر كثيرة في محيطه الاجتماعي.(أبو هاشم، ٢٠٠٧).

التحليل النظري للسلوك العدواني

تتفاوت العوامل التي تؤدي إلى وقوع الأفراد في الأشكال المختلفة للسلوك العدواني، ويمكن توضيح بعضها بما يلي:

- عدم اكتمال النضج العقلي والانفعالي لدى الأفراد، لذلك فإن السلوك العدواني قد يأخذ في التضاؤل والانطفاء كلما كبر الفرد.

-. يتعمد بعض الآباء تعليم أبنائهم العدوان من أجل أن يدافعوا عن أنفسهم ضد الآخرين.

-. قد يرجع العدوان إلى فشل الطالب في الدراسة، أو فشل في كسب عطف المعلم ومحبته، مما يجعل الطفل والمراهق يعادي السلطة ممثلة في نظم المدرسة وإدارتها ومعلميها.

-. قد يرجع العدوان إلى إحساس المراهق بعدم قبوله اجتماعيا، إما لعيب ظاهر فيه، أو لقبح في منظره، أو لعدم توافقه اجتماعيا مع أقرانه وغيرهم، فيسلك هذا السلوك لكي يفرض ذاته ويعادي المجتمع.

-. قد يكون العدوان وسيلة يستخدمها الطفل لجذب الانتباه واستعراض قوته، وقد يكون تعبيرا عن الغيرة، وقد ينتج عن التوحد مع شخص عدواني يعايشه. (مطاوع،٢٠٠٦)

دينامكية السلوك العدواني:

يعد السلوك العدواني محصله للتفاعل بين مجموعة من المتغيرات عبر عدد من المراحل التي تحدث غالبا وفق التسلسل التالي:

١. وجود مجموعة من العوامل التي تعمل وتهيئ لظهور السلوك العدواني، حيث يتولد ويتكون ما يسمى بالعدائية.

٢. أن هذه العوامل السابقة تؤدي إلى استثارة قدر من التوتر يجعل الفرد أكثر قابلية للاستجابة العدوانية.

٣. مع ارتفاع معدل التوتر تستثار الاستجابة العدوانية، ويساعد ويدعم ذلك بعض العوامل الأخرى مثل انتشار الشائعات، وحضور الآخرين، وسوء فهم سلوك الشخص الموجه نحو العدوان.

٤. صدور الاستجابة العدوانية التي تكون متأثرة بالعناصر الثلاثة السابقة. (مطاوع،٢٠٠٦)

قواعد تعديل السلوك العدواني:

(١). العمل على فهم دوافع السلوك العدواني عند الطفل، والوقوف منه موقف المتفهم الهادئ بدلا من الأوامر والنواهي السلبية.

(٢). أن يقوم الآباء بنهي أبنائهم عن السلوك العدواني، وتشجيعهم على السلوك الهادئ السليم ومعاملة الآخرين بالحسنى والعطف دون أن نعودهم على الخنوع أو الفجور.

(٣). تربية الأطفال تربية متوازنة تقوم على الأخذ والعطاء الشديد وتنمية القيم الايجابية لديهم ليدركوا معناها فيما بعد، ولهذا يتوجب على الإباء والمربين عدم اللجوء إلى العدوان والغضب الشديد عندما يخطئ الطفل والتحكم في الذات قدر الإمكان.

(٤). إبعاد الطفل عن المواقف والخبرات التي توقعه في الإحباط، وتوفير فرص النجاح له ما أمكن، فالنجاح في القيام بالإعمال الموكلة إلى الطفل تعزز من ثقته بنفسه، وتبعد عنه مشاعر النقص والإحباط.

(٥). العمل على توفير الاطمئنان والأمن النفسي للطفل في الأسرة والمدرسة، فالطفل الذي يعيش خبرات سارة وسعيدة، يعكس سعادته على الآخرين من خلال سلوكه معهم. كما أن توفير علاقات قوامها المحبة والمساواة والتسامح والتعاون في جو أسري أمن من شأنه أن يبعد الطفل عن العدوان ويقلل منه في حالة وجوده.

(٦). أن تعمل الأسرة والمدرسة على توفير الأنشطة الحركية المنظمة للطفل، فالطفل يمتلك طاقة زائدة ويحتاج إلى الحركة والنشاط لتصريفها. ولهذا فان توفير فرص اللعب للطفل والرياضة التنافسية تساعده على تصريف نزعاته العدوانية بشكل مقبول اجتماعيا ، (الزعبي، ١٩٩٧)، وأشارت الحميدي (٢٠٠٤) أن هناك مجموعة من التوصيات لتعديل السلوك العدواني.

١. التأكيد على أهمية دور المرشد النفسي المدرسي في حل مشكلات الطلاب النفسية والسلوكية.

٢. التدخل بالبرامج الإرشادية المناسبة لإحداث تغيير في اتجاهات الآباء نحو أساليب رعاية أبنائهم مثل القسوة والنبذ والتحكم وغيرها حيث أنها تؤثر في شخصية وسلوكيات أبنائهم.

٣. تنظيم حملات إعلامية مكثفة لتوعية الأسرة بالأساليب والطرق الصحيحة لتربية الأبناء.

٤. توعية الأسرة بأهمية معالجة الخلافات الوالدية بعيدا عن الأبناء وتوعية كل أب وأم بأنهما قدوة ونموذج يحتذي به من قبل أبنائهم الذين يقلدونهم في أفعالهم.

٥. توعية الآباء والمعلمين بضرورة الكف عن العقاب البدني واللفظي للمراهق، وإتاحة الفرصة لهم للتعبير عن آرائهم واحترام تلك الآراء ومشاركتهم في تبادل الرأي فيما بينهم. الحميدي، ٢٠٠٤)

العوامل المؤثرة في الانتباه:

أولا : العوامل الذاتية:

١. الاهتمام: إن الموضوعات التي يهتم بها الطالب تجذب انتباهه أكثر من الموضوعات التي لا تعد هامة بالنسبة إليه .

٢ . الحرمان الجسمي والاجتماعي: إذ إن الموضوعات التي تتصل بحاجات غير مشبعة لدى الفرد تجذب انتباهه.

٣ . التعب: فالطالب المرهق جسميا أو عقليا يكون عرضة لتشتت الانتباه.

٤ . مستوى الإثارة : إنّ وجود مستوى مناسب من القلق لدى الطالب يؤدي إلى حالة من الإثارة تزيد من دافعية الطالب للتعلم وتزيد من القدرة على تركيز الانتباه، إلا أن زيادة مستوى القلق ومستوى الإثارة عن الحد المناسب تؤدي إلى تشتت الانتباه. (حمدي، ١٩٨٧)

ثانيا : العوامل الخارجية التي تتعلق بطبيعة المثير وهي :

١ . الشدة: إنّ الصوت القوي والساطع والضغط الشديد أكثر جذبا للانتباه.

٢. الجدة: إنّ المثيرات الجديدة بالنسبة للفرد تلفت انتباهه مثل دخول ضيف لغرفة الصف أو إدخال وسيلة تعليمية .

٣ . تغير المثير: إنّ تغير نغمة صوت المدرس وتغير ملابسه المعتادة وطريقة شرحه، وتغير الوسائل التعليمية كلها عوامل تثير انتباه الطلبة.

٤. الحركة: إنّ المثير المتحرك أكثر جذبا للانتباه من المثير، فالنيازك والشهب أكثر جذبا للانتباه من النجوم .

ثالثا: تشتت الانتباه (Attention Deficit)

يعرف تشتت الانتباه بأنه السلوك المتمثل بعدم قدرة الطفل على التركيز المستمر على شيء ما لمدة معينة مقارنة مع أفراد الفئة العمرية التي ينتمي لها، فمدى الانتباه هو الفترة التي تنقضي في القيام بعمل ما، ويمكن أن يتوقف الانتباه عن طريق التشتت حيث ينخرط الشخص لاإراديا بنشاط أو إحساس آخر، فتركيز الطفل على السلوك الجاري يمكن أن ينقطع عن طريق الصوت أو المنظر المشتت للانتباه أو من خلال شعوره الشخصي، وهذا النوع من الأطفال ينتقل من نشاط إلى آخر دون إكمال أي منها، كما ينحرف بسهولة عن هدفه الأصلي.(البطوش، ٢٠٠٧)

ويستخدم آخرون مفهوم اضطراب الانتباه:ويقصدون به عدم القدرة على الانتباه والقابلية للتشتت والحركة المفرطة، أي صعوبة الطفل في التركيز عند قيامه بنشاط مما يؤدي لعد إكمال النشاط بنجاح. (مسعد، ٢٠٠٤)

الوقاية من ضعف الانتباه:

ويمكن وقاية الطلبة من تشتت الانتباه باستخدام الإجراءات التالية:

١. زيادة فرص النجاح والشعور بالكفاءة، وذلك بتكليف الطالب بأعمال

ذات صعوبة متوسطة تقع ضمن إمكانياته، لان النجاح يزيد من فرص الدافعية والمثابرة.

٢. تعليم الانتباه وتعزيزه، وذلك بإعطاء الطالب مهمات يحبها مثل الألعاب والألغاز وتشجيعه على القيام بالمهمة المطلوبة وتعزيزه.

٣. تجنب تعزيز الطالب عندما يشتت انتباهه سواء ايجابيا بالانتباه إليه أو سلبيا بتخليصه من الواجبات وإعفائه منها. (حواشين، ٢٠٠٤)

علاج ضعف الانتباه

يتطلب علاج ضعف الانتباه وضع خطة علاجية متكاملة تأخذ أسباب المشكلة بعين الاعتبار بحيث تتضمن هذه الخطة مهمات واضحة ومحددة وجذابة مع زيادة فرص النجاح المتاحة أمام الطالب، كما يمكن أن تتضمن تعزيز إطالة فترة الانتباه. ويمكن أن تعالج حالات ضعف الانتباه كحالات فردية ضمن برامج للإرشاد الجمعي أو ضمن برنامج لتعديل السلوك موجهة إلى الصف بأكمله، وفيما يلي توضيحا لعناصر برنامج علاجي لضعف الانتباه:

ا. إعطاء مهمات واضحة محدده جذابة وتقليل المشتتات: ينبغي أن يتم اختيار المهمة في البداية بحيث تكون جذابة بالنسبة للمسترشد مثل قراءة قصة أو مشاهدة فيلم، والانتقال تدريجيا من المهمات التي يحتاج إتمامها فترات قصيرة وتتضمن احتمالات نجاح مرتفعة.

ب. تعزيز إطالة فترة الانتباه:

يمكن للمرشد أن يتعرف إلى المعززات المادية والمعنوية التي يهتم بها المسترشد ثم يعمل على ضبط هذه المعززات بحيث لا تقدم للطالب إلا بعد فترة انتباه تزداد تدريجيا.وفي هذه الحالة يمكن أن يساعد نظام النقاط في إطالة فترات الانتباه حيث يسجل المعلم للطالب عددا من النقاط لكل فترة زمنية يوجد بها الطالب منتبها أو ينجز فيها أداء مهمة معينة.

ج. تدريبات لإطالة فترة الانتباه:

١. زيادة الانتباه من خلال التدريب على مهارات الاتصال.

يتم تدريب الطلبة في مجموعات على أخذ ادوار المتحدث، المصغي، والملاحظ، ويقوم المتحدث بطرح
الموضوعات والمصغي بالتلخيص وطرح الأسئلة والملاحظ بمتابعة مدى الحفاظ على الموضوع، ويعطى
للمتحدث فترة زمنية للتحدث عن موضوعات معينه، ويتم تدريب الطلبة على مهارات الإصغاء، وإبقاء
الحديث في نفس الموضوع ليتم توجيه الأسئلة ذات العلاقة بموضوع الحديث، وتصنيف المعلومات.

٢. الانتقال بين الشكل والخلفية.

يتم توضيح مفهوم الشكل والخلفية للطلبة، حيث يطلب من الطالب أن ينظر إلى لوحة مثبته على الحائط
وان يصف ما يرى، ثم يطلب منه أن يصف إطار اللوحة أو الجدار الذي تثبت عليه اللوحة ثم يعود فيصف
اللوحة.

٣. انتقاء المثيرات السمعية المناسبة.

اطلب من الطالب أن يستمع لمادة تعليمية مسجلة على شريط ثم افتح مسجل آخر على موضوع آخر
واطلب من الطالب أن يتابع المادة التعليمية على المسجل الأول، تحكم بالصوت بحيث يكون صوت المادة
أعلى في البداية وصوت الموضوع الأخر أدنى، ثم اعمل على أن يختلط الصوتان تدريجيا لتصبح المهمة أكثر
صعوبة.

٤. الملاحظة والتغيير من خلال استخدام بعض الألعاب مثل الفروق بين صورتين، الكلمة الشاذة على شكل
مسابقات ثقافية بين فريقين.

٥. الضبط الذاتي للانتباه، حيث يطلب من الطالب أن يتخيل نفسه في موقف معين، مثلا في البيت ويتخيل
تفاصيل الموقف بما يتضمنه من أصوات وحركات وألوان، واطلب من الطالب أن يحتفظ بصور هذا الموقف
في مخيلته لمدة

معينة ثم اطلب منه أن ينتقل بمخيلته إلى غرفة الصف ويتخيل احد المدرسين يتحدث في موضوع معين ويلاحظ تفاصيل الموقف من صوت وحركة ثم يرجع إلى الموقف الأول في التخيل وهكذا.(حمدي، ١٩٨٧)

وأشار (العسرج،٢٠٠٦) أنه يمكن معالجة تشتت الانتباه من قبل المعلم من خلال استخدام مثيرات ثلاثية الأبعاد، وتقديم المهمات في تتابع منتظم من السهل إلى الصعب ، وتجنب تعريض الطالب إلى الفشل ما أمكن، واستخدام التعزيز الايجابي المناسب، وتهيئة الظروف المراد تعلمها، والتأكد من حدوث انتباه الطفل لها، واستقباله للمعلومات وحفظه لها واستدعائها في الوقت المناسب، ويمكن تصنيف الأشياء وتقديمها على شكل مجموعات متشابهة في الشكل الخارجي أو اللون أو الوظيفة أو المفهوم.

رابعا: الكذب (Lying)

مفهوم الكذب

يعرف الكذب بأنه القول الذي لا يطابق الواقع مع تعمد الشخص الذي يكذب تضليل الغير وخداعه أو إخفاء الحقيقة عن الغير لأي سبب من الأسباب، ويعتبر عدم مطابقة القول للواقع خصلة مكتسبة وليست فطرية، ويعتبر الكذب من المشكلات المتصلة اتصالا وثيقا بالخوف والغرض الأساسي منه حماية النفس. ويستغل الكذب عادة لتغطية الذنوب والجرائم. (البطوش، ٢٠٠٧)

أنواع الكذب:

١. الكذب البريء غير المتعمد: وهو القول الذي لا يطابق الواقع.

٢. الكذب المتعمد وهو أنواع:

أ. الكذب ألإدعائي: هو أن يبالغ الطفل في وصف تجاربه ورحلاته وقدراته الخاصة ليحدث لذة ونشوة عند سامعيه وليجعل نفسه مركز إعجاب وتعظيم.

ب. الكذب العرضي أو الأناني: يكذب الطفل أحيانا رغبة منه في تحقيق غرض شخصي، ويعود الدافع للكذب نتيجة عدم ثقة الطفل بوالديه والمحيطين به وكثرة عقابهم له ووقوفهم في سبيل تحقيق رغباته وحاجاته.

ج. الكذب الانتقامي: يكذب الطفل في كثير من الأحيان ليتهم غيره اتهامات يترتب عليها عقابهم أو سوء سمعتهم أو ما يشابه ذلك من أنواع الانتقام ويعود الكذب هنا نتيجة لشعوره بالغيرة من طفل آخر، أو نتيجة لشعوره بعدم المساواة بينه وبين غيره.

د. الكذب الدفاعي أو الوقائي: يكذب الطفل خوفا مما قد يقع عليه من عقوبة أو لكي يحفظ لنفسه بامتياز خاص لأنه إن قال الصدق ضاع منه هذا الامتياز.

هـ كذب التقليد: كثيرا ما يكون كذب الطفل راجعا إلى تقليده لوالديه اللذان يكذبان عليه وعلى غيره من الناس في كثير من المناسبات.

و.الكذب العنادي: يكذب الطفل أحيانا لمجرد السرور الناشئ من تحدي السلطة المهيمنة عليه خصوصا إن كانت شديدة الرقابة والضغط.

ز. الكذب المرضي المزمن: يصل الكذب عند الشخص أحيانا إلى حد أنه يكثر منه ويصدر عنه أحيانا على الرغم من إرادته. (البطوش، ٢٠٠٧)

العوامل التي تدفع إلى الكذب

١). من ابرز العوامل التي تدفع الأطفال إلى الكذب، تجنب العقاب الشديد وتفادي عواقب السلوك المؤذية التي يوقعها الإباء والأمهات والمعلمون

والمعلمات عندما يرتكب الطفل عملا غير مرغوب فيه، وهذا قد يدفع الأطفال إلى الكذب حتى يتجنبوا أي شكل من أشكال العقاب.

٢). قد يكون الهدف من الكذب جذب اهتمام الراشدين وانتباههم وتعاطفهم مع الطفل ومثل هذا السبب قد يدفع بالطفل إلى ما يسمى بالكذب التخيلي حيث يدعى الطفل في مثل هذه الحالات انه قام بأعمال لم يقم بها في حقيقة الأمر، أو انه يتصف بخصائص ومميزات لا يتصف بها في الحقيقة.

٣). ومن الأسباب التي قد تدفع الطفل إلى الكذب محاولتهم الاحتفاظ بمراكزهم بين زملائهم وأصدقائهم. فقد يجد الطفل أن الوسيلة الوحيدة للاحتفاظ بمركزه بين مجموعة صفة هو اللجوء إلى اختلاق الأكاذيب والأقوال غير الصحيحة، ويمكن أن يقوم بعمل تخريبي في الصف ليكون له مكانه معينة بين الطلاب.

٤). تقليد الأطفال لغيرهم من الناس وخاصة الوالدين أو الأخوة الأكبر سنا أو أي شخص يقوم على تنشئة الطفل وتربيته. (حسان، ١٩٨٧)

الوقاية من الكذب:

- التسامح مع بعض الأطفال في بعض المواقف، وأن لا يطلب من الأطفال أن يشهدوا ضد أنفسهم، أو أن يطلب منهم الاعتراف بأخطائهم، وبدلا من ذلك يجب جمع الحقائق من مصادر أخرى، ووضع القرارات بناء على هذه الحقائق، وفي حال إذناب الطفل تجنب العقاب، ويجب مد يد العون للطفل.

- ألا يسمح للطفل بأن يفلت بكذبه، بل يجب أن نعلمه أننا أدركنا سلوكه ونعطيه الفرصة لتجنب الكذب مرة أخرى.

- الطفل يقلد من حوله ويتقمص سلوك الكبار منهم، ولهذا يجب تأسيس مستوى للصدق وتشكيل قدوة للطفل.

- مناقشة الحكمة والمغزى من الصدق يتم التبيين فيها أن الكذب شيء غير محبب وكذلك السرقة والخداع.

- عدم اللجوء إلى العقاب الذي يبدو أن الطفل يعفى منه لو دافع عن نفسه بأسلوب الكذب، لأن الأطفال سوف يكذبون حتى يوفروا على أنفسهم إهانات الكبار.

- تجنيب الطفل المواقف التي تشجعه على الكذب وتضطره للدفاع عن نفسه ، فعند اعتراف الطفل بأنه كذب لا نعاقبه، لأن العقاب يشجعه على الكذب (مختار، ١٩٩٩)

العلاج:

-. التعزيز بأنواعه المختلفة.

- العقاب: مساعدة الأطفال على التعلم بواسطة التجربة بتوضيح أن الكذب غير ناجح ويعمل الإضرار به، كما يجب أن يبين له أن الصدق أفضل ويقلل من العقاب، سامحه إذا قال الحقيقة وعاقبه عقابا مناسبا إذا غير الحقيقة.

-.تعليم الأطفال قيمة الصدق: لا يجب التغاضي عن كذب الأطفال ويجب حثهم على الصدق بقراءة قصص توضح لهم قيمة الصدق.

- البحث عن أسباب الكذب: يجب العمل على إيجاد الأمور التي جعلت الطفل يكذب ليتم تفادي ذلك في المستقبل، وفيما يلي الأسباب الرئيسية لكذب الأطفال:

لكي يحصلوا على الثناء، والحل إعطاء الطفل الثناء والاهتمام للأشياء الجيدة التي يفعلها وحينها يشعر الطفل بإشباع هذه الحاجة.

- تفادي العقاب: الحل وضع عقاب مناسب للكذب وتقديم حوافز للصدق والأمانة.

- التقليد: يقلد الأطفال الآباء في سلوكياتهم، إن كانوا لا يصدقون فبالتالي لن يصدق الطفل، والحل أن يكون الأبوان مثالا للصدق والأمانة وعدم الكذب.

- الخوف: يكذب الأطفال كثيرا لتفادي العقاب المترتب على الضعف الدراسي وعلى الآباء معرفة قدرة أبنائهم وتعليمهم الصدق في ذلك.

- لكي يحصل على أشياء يمتلكها لنفسه، والحل أن تساعده في اكتشاف طرق أخرى تساعده على الحصول على ما يريد.

- الشعور بعدم أهمية أعماله أمام الأعمال الباهرة التي يقوم بها الآخرون، والحل يكمن في مناقشة خوفه وضعفه، ورفع ثقته بنفسه.

- ضعف الوازع الديني لدى الطفل: والحل يمكن في تقوية هذا الوازع الديني لديه وتبيين نظرة الإسلام للكذب. (شيفر وملمان، ٢٠٠٦)

خامسا: الخوف Fearful:

الخوف: انفعال يتسم بالقلق وعدم الراحة، مفعم بتوقعات خطرة تتهدد سلامة الفرد مع ظهور مكونات بدنية ظاهرة كسرعة التنفس أو سرعة ضربات القلب، واصفرار الوجه وارتعاش في الإطراف وفرط في التعرق وجفاف في الحلق ترافقه توترات عصبية يترتب عليها نوعان من المواقف السلوكية: الهرب من المواجهة، أو الصمود والقتال، أما إذا زاد الخوف عن حده، فإنه يصبح مرضا، كالخوف من الظلام أو مواجهة المجتمع، وبالتالي يؤدي إلى إعاقة طلقات الفرد. (حسن، ٢٠٠٢)

قد يظهر الخوف لدى الطفل نتيجة لقصور تطوره العقلي عن إدراك حجم المخاطر التي تهدد حياته،أو الحماية الزائدة أو القسوة والخبرات المؤلمة ،الحرمان

العاطفي كترك الأم طفلها دون رعاية وغيابها عنه لفترة طويلة ، سرد القصص والحكايات المخيفة أو رؤية الأفلام المرعبة، التقليد لمخاوف الكبار. (دوجان ، ١٩٩٦)

مثيرات الخوف:-

-. الخوف من الحيوانات والحشرات، كالخوف من الكلاب والعناكب.

-. الخوف من الأدوات الجارحة كالسكاكين والسيف والأسلحة النارية.

-. الخوف من الأماكن المظلمة والأماكن المرتفعة والأصوات العالية.

-. الخوف من الخبرات الماضية المؤلمة والمواقف الاجتماعية والحفلات المختلفة أو الزيارات المتبادلة ومواجهة الجمهور.

-. الخوف من الأمراض والتشوهات.(المشاعلة،٢٠٠٧)

مظاهر الخوف ودلالاته:

يتبدي الخوف لدى الطفل بمظاهر وعلامات ودلالات مختلفة، فالطفل الذي يتمتع بقوة بدنية جيدة وثقة عالية بالنفس وتفكير راق، فإن الخوف يتبدى لديه بمظهر وعلامة ودلالة تختلف عن ذلك الشخص الذي يشكو من علة أو ضعف في بنيته أو مهزوز الثقة بنفسه، أو سريع الانفعال والتأثر بالإحداث التي تحيط به أو تفاجئه.

ويتمثل القاسم المشترك بين مختلف الأطفال بالنسبة لمظاهر الخوف وعلاماته ودلالته بالآتي:

* . القلق والشرود الذهني أحيانا بحيث تتغير نظرات الخائف وتنشد قسمات وجهه ويميل لونه إلى الشحوب والاصفرار.

* . الاضطراب في أداء الخائف لأعماله العادية أو في حديثة مع الآخرين، حتى في أمور لا تتعلق بالخطر أو الأذى الذي يتوقع حدوثه، أو قد يصاحب تصرفاته العادية بعض الحذر والتردد.

* . شعور الخائف في بعض الأوقات بضربات متلاحقة في قلبه.

* . شعور الخائف بالتعب أحيانا، ولو كان قد أخذ قسطا كافيا من النوم والراحة البدنية.

* . عدم تقبل الخائف لبعض الطعام، ويصاب بحالة تضطره إلى الانزواء بعيدا عن الناس.

أنواع الخوف

١. الخوف الواقعي: وهو عبارة عن استجابة لخطر حقيقي كحيوان مفترس أو سيارة مسرعة.

٢. القلق: وهو الخوف من المجهول، وموضوعة لا يكون محدد بشكل ملموس.

٣. الخوف اللاعقلاني "الفوبيا": يمكن تعريف الفوبيا " بأنها خوف لا عقلاني عادة ما يقوض حياة الطفل دون أن يكون مبنيا على أساس واقعي، إذ إن مصدر الخوف لا يشكل فعلا أي أذى أو تهديد يذكر للطفل، مثلا من صورة الكلب.

الخوف من المدرسة

الخوف من المدرسة عبارة عن ارتباط الخوف الشديد والرهبة والحذر من وقوع كارثة، وغالبا ما يترافق مع آلام وصداع وغثيان، وتجدر الإشارة إلى انه ليس جميع الأطفال الذين يرفضون الذهاب إلى المدرسة يعانون من خوف منها، فقد يرفض الطفل الذهاب إلى المدرسة خشية إن يبتعد عن والديه، وهناك أسباب عديدة تؤدي لعدم ذهاب الأطفال إلى المدرسة منها:

ا. قسوة المعلم وغلظته واستخدامه للضرب المبرح وتفننه في ابتكار أساليب العقاب.

ب. استخدام الامتحانات كوسيلة تحكم في مستقبل الطلاب، في حين من المفروض أن تكون وسيلة إرشاد وتوجيه، وقد ارتبطت الامتحانات في الأذهان بالخوف من الفشل في أدائها مما يدفع البعض إلى الغش في بعض الأحيان.

ج. يمكن للمدرسة نفسها أن تثير الخوف عند الطفل إذا ارتبطت ببعض الأحداث المخيفة والاعتداء والفشل عند الطفل.

الوقاية من الخوف

تتم الوقاية من الخوف بالوسائل التالية:

١. تجنب الحديث عن المواقف التي تثير الخوف لدى الأطفال عند تواجدهم مع الكبار.

٢. عدم السماح للطفل إن يشاهد أفلام الرعب المختلفة التي تثير الخوف لديه.

٣. ينبغي على الأم إلا تظهر خوفا من الحيوانات والحشرات أو الظلام أو أية حالة خوف أخرى أمام الطفل.

٤. تزويد الطفل بقصص الشجاعة، وإبعاد كافة أشكال التهديد والتخويف والوعيد.

منح الطفل الثقة والاحترام مع بعض المرح والتفاؤل، والابتعاد عن المزاج الذي يتضمن زعزعة ثقة الطفل بنفسه وبالآخرين.

٥. تهيئة الطفل للتعامل مع مختلف أنواع المشكلات وخاصة التوتر. (حسن، ٢٠٠٢؛ الشربجي، ٢٠٠٣)

العوامل المؤثرة في ظهور الخوف:-

ا. المخاوف من استحضار خبرات مؤلمة أو حوادث مفزعة حدثت للفرد في طفولته المبكرة أو خلال أي فترة من حياته.

٢. استماع الطفل إلى قصص مخيفة عن الحيوانات المفترسة، رؤية الأفلام المرعبة.

٣. حرص الوالدين على الطفل وعلى حياته، وكثرة التهديدات التي توحي بالخوف تثبت عند الطفل مشاعر الخوف. (الشوربجي، ٢٠٠٣)

٤. إسقاط الغضب: يغضب الأطفال من سوء معاملة الأهل، ومن الشعور بالغضب يصبح لديهم رغبة في إيذاء الكبار، إن هذه الرغبة غير مرغوبة ومحرمة، لذلك يسقطها على الكبار، إن إسقاط الغضب أمر طبيعي ولكن الإزعاج والمضايقة أو الإسقاط المبالغ فيه أو طويل الأمد ليس طبيعيا، بعض الأطفال والمراهقون لم يتعلموا تقبل غضبهم أو التعامل معه.

٥. السيطرة على الآخرين: إن المخاوف يمكن أن تستعمل كوسائل للتأثير أو السيطرة على الآخرين، أحيانا أن تكون خائفا الوسيلة الوحيدة والأقوى لجلب الانتباه وهذا النمط يعزز مباشرة الطفل لتكون له مخاوف، وهو يجعل الآخرين يتقبلون الطفل وهو يحصل على الإشباع عن طريق الخوف، مثاله الخوف من المدرسة، فالطفل يظهر خوفه من المدرسة حتى لا يذهب إلى المدرسة، والبقاء في البيت، وإذا كان الوالدان يكافئان الطفل على الجلوس في البيت الأمر الذي سيجعل الطفل يشعر أن الجلوس في البيت تجربة مستمرة وممتعة بالنسبة له وبالتالي يجعل الخوف مطيه له للسيطرة على الآخرين وقد يتحول هذا الخوف إلى عادة.

٦. الضعف الجسمي أو النفسي: عندما يكون الأطفال متعبين أو مرضى فإنهم سيميلون غالبا للجوء إلى الخوف خاصة إذا كانوا في حالة جسمية مرهقة وإذا كان فترة هذا المرض طويلة، إن هذه الحالة من المرض تقود إلى مشاعر مؤلمة وتكون المكيانزمات الآليات النفسية

الوقائية عند الطفل لا تعمل بشكل مناسب، وبالتالي فإن الأطفال ذوي المفاهيم السالبة عن الذات والذين يعانون من ضعف جسدي يشعرون بأنهم غير قادرين على التكيف مع الخطر الحقيقي أو المتخيل.

٧. النقد والتوبيخ: إن النقد المتزايد ربما يقود الأطفال إلى الشعور بالخوف، يشعر الأطفال بأنهم لا يمكن أن يعملوا شيئا بشكل صحيح، ويبررون ذلك بأنهم يتوقعون النقد ولذلك فإنهم يخافون، ولذا فإن التوبيخ المستمر على الأخطاء يقود إلى الخوف والقلق، وسوف يعم الطفل شعورا عاما بالخوف، وبالتالي فإن الأطفال الذين ينتقدون على نشاطاتهم وعلى تطفلهم ربما يصبحون خائفين أو خجولين.(الشربجي، ٢٠٠٣؛ شيفر وملمان، ٢٠٠٦)

إرشادات لتعديل سلوك الخوف:

- تنشئة الطفل على الإيمان بالله والعبادة.

- إعطاء الطفل حرية التصرف وتحمل المسئولية وممارسة دوره على قدر نموه وتطوره.

- عندما يكون الخوف شديدا ناجما عن بعد في الخيال، فإن زيادة تجارب الطفل مع الأشياء وتكرار مصادفته إياها واحتكاكه مع أقاربه تخفف من حدة الخوف تدريجيا.

- مشاهدة النموذج كالأفلام للتقليل من مخاوف الطفل وتعويده على مشاهدة مواقف أكثر إخافة، وامتداح كل خطوة شجاعة يقدم عليها الطفل وتقديم الجوائز له.

- عندما يكون الخوف بسبب ما يصادفه الطفل من خبرات نتيجة أخطاء تربوية يرتكبها الوالدان فان زيادة المعرفة بالأشياء الموضوعية نتيجة

احتكاك الطفل بالمشرفين على رعايته ونموه يخضع الطفل للقواعد النظامية ومن ثم يتعلم الحياة الاجتماعية المنظمة.

- يتحتم على الأهل كسب ثقة أطفالهم ليتمكنوا من الوقوف على مخاوفهم وقت حدوثها، ومن ثم يكون بإمكانهم تقديم التوجيه والعون في الوقت المناسب لأطفالهم.

- أن وجود من يتعلق بهم الطفل وجدانيا يؤدي إلى الإقلال من احتمال التعرض لمعاناة الخوف الشديد، بالإضافة إلى التثقيف والتربية الصالحة القائمة على أسس من فهم واستيعاب مشاعر الآخر.

-. ينبغي عدم إرغام الطفل الخائف من المدرسة على الذهاب إليها وإنما يجب تشويقه على ذلك بمصاحبته والذهاب معه إلى المدرسة لمشاهدة الأطفال وهم يلعبون، ثم تعريفة بالمدرسة، وتقديم الهدايا الرمزية للطفل.

-. امتناع الآباء والكبار عن السخرية من مخاوف الأطفال، فلا يجب أن يتهم الطفل بالجبن والغباء أذا ما أبدى شعورا بالخوف.

-. تشجيع الطفل للتحدث عن تجاره وخبراته كما يشاء حتى لا يكبت هذه الخبرات في اللاشعور.

-. عرض حالات مخاوف الأطفال المرضية على الطبيب النفسي لدراستها ورسم خطة العلاج لها. (حسن، ٢٠٠٢؛ الشربجي، ٢٠٠٣؛ شيفر وملمان، ٢٠٠٦)

العلاج:

١. إزالة الحساسية والحالة المعاكسة من خلال مساعدة الأطفال الحساسين جدا والأطفال الخائفين، حتى يكونوا أقل حساسية واستجابة لمجالات حساسيتهم، والقاعدة تقول أن الأطفال تقل حساسيتهم للخوف عندما يرتبط هذا الشيء المخيف مع أي شيء سار.

٢. مشاهدة النموذج: يمكن استعمال الأفلام للتقليل من مخاوف الطفل

وتعويده على مشاهدة مواقف أكثر إخافة ويمكن أن يرى الطفل مواقف تحفزه على الشيء.

٣. التدريب: إن التدريب يمكن الأطفال أن يشعروا بالراحة عندما يكررون أو يعيدون مواقف مخيفة نوعا ما.

٤. مكافأة الشجاعة: وذلك بامتداح كل خطوة شجاعة يقدم عليها الطفل وتقديم الجوائز له، وكون الطفل يتمكن من تحمل جزء من موقف يخيفه فيجب مكافأته عليه.

٥. التفكير بإيجابية والتحدث مع النفس: بأن يقال للطفل أن التفكير في أشياء مخيفة يجعلهم أكثر خوفا وأما التفكير بإيجابية تعود إلى مشاعر أهدأ وإلى سلوكيات أشجع.(شيفر وملمان، ٢٠٠٦)

سادسا: التبول اللاإرادي: Enuresis

هو الخروج اللاإرادي للبول وخاصة أثناء الليل لعدم القدرة على ضبط المثانة، وقد يكون أمرا طبيعيا في مرحلة الطفولة، وأسبابها كثيرة منها التهاب المثانة وصغر حجمها، التهاب الحبل الشوكي، الصرع، الإمساك وسوء الهضم، فقر الدم، وغير ذلك (الظاهر، ٢٠٠٤)

تعرف كريلر (Kreisler):

يعرف التبول اللاإرادي على انه تبول يحدث على نحو متكرر أو في فترات متقطعة وذلك بعد السن التي يسود فيها الطفل السوي وظيفة التحكم في البول، ويحدث في العادة أثناء النوم ويصبح أمرا اعتياديا، ويتفرد بانسياب البول على نحو لا إرادي إلا أنه يحدث بشكل عادي من الناحية الفسيولوجية. وينبغي أن نؤكد على ثلاثة عوامل في هذا الصدد:

ا. يتحدد التبول الليلي اللاإرادي بسن محدده وهي تلك السن التي يستطيع عندها الطفل السوي أن يتحكم في العضلات العاصرة.

ب. يتميز التبول لدى الطفل السوي بأنه نشط وكامل وينساب على نحو معتاد مما يميزه عن التبول الخاص بحالات اضطراب البول المرتبطة بالإمراض العضوية.

ج. كما يتميز التبول الليلي اللاإرادي بأن انسياب البول فيه يتم على نحو لاإرادي ولا شعوري. (زيور، ١٩٨٩)

عوامل التبول اللاإرادي

هناك مجموعة من الأسباب الكامنة وراء التبول في الفراش لدى الطفل

(١) - أسباب عضوية ناتجة عن التهاب المثانة وصغر حجمها، والتهابات المستقيم الناتجة من الإصابة بالانكلستوما، والبلهارسيا، والإصابة بمرض السكري، وعدم التئام الفقرات القطنية بالعمود الفقري في أثناء تكون الجنين . وعدم نضج الجهاز العصبي وفشله في تكوين فعل منعكس شرطي وهو اليقظة عند امتلاء المثانة. والتهابات الحبل الشوكي في منطقة العصب المسيطر على عمل جهاز التبول وانقسام في الفقرات القطنية بالعمود الفقري .

(٢) - الأسباب اجتماعية نفسية مختلطة.

ا. القلق النفسي الناتج عن انفصال الطفل عن والديه بسبب الطلاق وما يتبعه من فقدان الشعور بالأمن.

ب. عامل المنافسة والغيرة نتيجة ولادة طفل أصغر وتركيز اهتمام الأسرة بالطفل الجديد.

ج. دخول المدرسة، وعدم الاستقرار العاطفي داخل البيت بين الزوج والزوجة.

(٣)- الأسباب الوراثية.

هناك ٧٥% من الأطفال الذين يعانون من التبول اللاإرادي الوظيفي لهم أقارب من الدرجة الأولى يعانون من نفس المشكلة وتكثر بين التوائم المتطابقة. (الياس، ١٩٨٧)

العلاج:

١. علاج الأسباب النفسية من خلال تحسين العلاقة بين الطفل ووالديه وأشقائه، وعدم تخويف الطفل، وتوفير جو من الاستقرار والاطمئنان في الأسرة، وتقليل كمية السوائل التي يأخذها الطفل يوميا وتعويده الذهاب إلى دورة المياه قبل نومه، وإشباع حاجة الطفل إلى الحب والحنان وتشجيعه على استعادة ثقته بنفسه.

٢. الجلوس مع الطفل وقت النوم: والتحدث معه لأن ذلك يسعده، فينام مسترخيا، ويحس بمحبتك له ودعمك له، ومن المستحسن أن تقضي مع طفلك وقتا من النهار على انفراد لتكشف عن خبايا نفسه وصراعاته النفسية. (الشوربجى، ٢٠٠٣؛ العيسوي، ٢٠٠٥)

٣. العلاج السلوكي:

أهم طرائق العلاج السلوكي المختلفة:

ا. طريقة الجرس والوسادة:Bell and pad method

وتعد أكثر الأساليب استخداما لمعالجة التبول اللاإرادي الليلي وأكثرها فاعلية، ويتكون الجهاز من وسادة رقيقة خاصة توضع تحت الطفل على الفراش وتوصل بجرس كهربائي. وعندما يبدأ الطفل بالتبول فإن دائرة كهربائية تغلق فيحدث صوت عال موقظا الطفل من نومه حيث يقوم بإغلاق جهاز الإنذار ويذهب إلى الحمام ليكمل عملية التبول.

ب. زيادة استيعاب المثانة ، ويتضمن هذا الأسلوب إعطاء الطفل كميات كبيرة من السوائل وحثه على تأجيل التبول لفترات زمنية تزداد مدتها تدريجيا وتعزز عند قيامه بذلك.

ج. فرض جزاء على الطفل، حيث يطلب بعض الآباء من الطفل في سن المدرسة والذي ما زال يتبول في فراشة أن يقوم بتغيير أغطية السرير المبللة وأن يقوم بنفسه بوضعها في الغسالة.

د. لوحة النجوم، وفيها تقوم الأم بالعمل التالي:

١. تقوم بتصميم جدول للمكافآت الرمزية يحتوي على أيام الأسبوع من السبت إلى الجمعة يعلق في مكان بارز.

٢. شراء قائمة من المدعمات (المكافآت) تحتوي على الأشياء التي يحبها الطفل سواء كانت مأكولات، مشروبات، هدايا، وكذلك شراء بعض النجوم اللاصقة.

٣. تقوم الأم بشرح البرنامج للطفل بعبارات بسيطة مناسبة له مثل (أريد أن أساعدك على أن تتوقف عن التبول أثناء الليل أو النهار حسب حالة الطفل، أنا أريد أن اعرف انك كبرت وأن هذا الأمر يسبب لك الإزعاج بسبب الرائحة والعمل الإضافي الذي يتطلبه غسيل أغطيتك وملاءات سريرك وملابسك. وسوف نستخدم برنامج مكافآت، ولهذا أريد أن تختار الأشياء التي تعجبك من هذه القائمة، وإذا مرت هذه الليلة دون أن تبلل نفسك فستحصل على نجمة ذهبية توضع في هذا الجدول المعلق هناك وستحصل على مكافأتك فورا.

٤. في حالة التبول الليلي تقوم الأم بتقديم المدعم المطلوب في اليوم التالي مباشرة إذا نجح الطفل في الحفاظ على عدم تبوله، والاستمرار في لصق النجوم عن كل ليلة تمر دون بلل.

٥. في حالة التبول الليلي إذا فشل الطفل في ليلة من الليالي وبلل نفسه لا توجه له الأم التأنيب أو النقد وعليها أن تكون هادئة وتكتفي بتعليق بسيط قائلة (لقد نسيت الليلة وبللت نفسك.. دعني آخذك حتى أبين لك كيف تضع ملابسك والأغطية المبللة في المكان المعد للغسيل. (علي، ٢٠٠٥)

طرق الوقاية:

ا. يجب تجنب القسوة أو التوبيخ أو إشعار الطفل بالخزي عند تدريبه على استخدام الحمام لأن ذلك يجعله يحس بالذنب وأنه أقل من غيره، فيتولد لديه شعور بالقلق فلا يتعلم أن يسيطر على المثانة.

ب. يجب أن يتخلص الطفل أولا من عادة التبول في ملابسة نهارا، ثم يتخلص من هذه المشكلة ليلا.

ج. عدم الضغط على الطفل في موضوع التبول قبل نضوجه العقلي، فقد يفقده ذلك الثقة بالنفس ويصعب عليه التحكم في مثانته وتجاهل الآباء للأمر يخلص الطفل من عادته هذه عند بلوغه سن السابعة من عمره مثلما يعتقد بعض العلماء. (شيفر وملمان، ٢٠٠٦)

سابعا: الاغتراب والقلق

مفهوم الاغتراب

أما مفهوم الاغتراب (Alienation) يعد من المفاهيم الهامة في التحليل السوسيولوجي نظرا لاستخداماته في الدراسات الاجتماعية. وقد استخدم مفهوم الاغتراب كثيرا لتفسير أنواع مختلفة من السلوك الاجتماعي، ومن بين أهم القضايا التي استخدم لتفسيرها: التعصب والأمراض الذهنية والوعي الطبقي والصراع والخمول السياسي والثورات والمشاركة الاجتماعية والتسلطية

والمجاراة ونتيجة لمقدرته التفسيرية، فقد شاع استخدام مفهوم الاغتراب في التراث السوسيولوجي المتعلق بتحليل البناء الاجتماعي للمجتمعات المعاصرة، وذلك للوقوف على طبيعة وحدود اغتراب الإنسان عن المجتمع والتنظيمات الاجتماعية واغترابه عن نفسه باعتبارها حالات تفسد حياة المجتمعات المعاصرة.

وبالنسبة لمفهوم الاغتراب من الناحية الاجتماعية، فقد أورد (سيمان) في بحثه المعروف حول الاغتراب والذي ميز فيه بين خمسة معان أو أبعاد هي:

أولا: فقدان السيطرة أو حالة اللاقدرة (Powerlessness) وهذا المعنى للاغتراب يشير إلى شعور الفرد بأنه لا يستطيع التأثير على المواقف الاجتماعية التي يتفاعل معها. فالفرد المغترب هنا لا يتمكن من تقرير مصيره أو التأثير في مجرى الأحداث الكبرى أو في صنع القرارات المهمة التي تتناول حياته ومصيره فيعجز بذلك عن تحقيق ذاته.

ثانيا: اللامعنى أو فقدان المعنى (Meaninglessness) وهنا يشير الاغتراب لشعور الفرد بأنه يفتقر إلى مرشد أو موجه للسلوك والاعتقاد. والفرد المغترب هنا يشعر بالفراغ الهائل نتيجة لعدم توفر أهداف أساسية تعطي معنى لحياته وتحدد اتجاهاته وتستقطب نشاطاته.

ثالثا: اللامعيارية (Anomie) أو (Formlessness) وهنا يعني الاغتراب شعور الفرد بأن الوسائل غير المشروعة مطلوبة، وانه بحاجة لها لانجاز الأهداف. وهذه الحالة تنشأ عندما تتفكك القيم والمعايير الاجتماعية وتفشل في السيطرة على السلوك الفردي وضبطه.

رابعا: الانعزال الاجتماعي أو حالة العزلة و اللاانتهاء (Social isolation) والاغتراب هنا يشير إلى شعور الفرد بالغربة والانعزال عن الأهداف الثقافية للمجتمع، وفي هذه الحالة لا يشعر الفرد بالانتهاء إلى المجتمع أو الأمة.

خامسا: الاغتراب الذاتي أو النفور من الذات (Self-Estrangement) وهنا يشير الاغتراب لشعور الفرد بعدم القدرة على إيجاد الأنشطة المكافئة ذاتيا. بمعنى أن الإنسان لا يستمد الكثير من العزاء والرضا والاكتفاء الذاتي من نشاطاته ويفقد صلته بذاته الحقيقية ويصبح مع الزمن مجموعة من الأدوار والسلع والأقنعة ولا يتمكن من أن يشعر بذاته ووجوده إلا في حالات نادرة. (الزغل والعضيبات، ١٩٩٠؛ فتحي، ١٩٩٧)

القلق Anxiety

يمثل القلق حالة الشعور بعدم الارتياح والاضطراب والهم المتعلق بحوادث المستقبل، وتتضمن حالة القلق شعورا بالضيق وانشغال الفكر وترقب الشر وعدم الارتياح حيال ألم أو مشكلة متوقعة أو وشيكة الوقوع فالطفل الرضيع يمكن أن يخدش شعوره بالأمن بسهولة بسبب الأحداث أو الأصوات المفاجئة التي تخيفه، وفي عمر ثلاث سنوات يظهر الأطفال شعورا بالقلق تجاه الأذى الجسمي، أو فقدان الحب الذي ينتج عن فقدان أحد الأبوين نتيجة المشاكل الأسرية والتي تؤثر بدورها على الطفل من حيث عدم شعوره بالاطمئنان، الأمر الذي يعرضه للقلق، أو الاختلاف عن الآخرين، أو العجز عن التعامل مع الحوادث، وتعتبر مشاعر القلق المتعلقة بأخطار متخيلة من الأمور الشائعة في مرحلة الطفولة الباكرة، ويبلغ القلق أوجه فيما بين عمر سنتين وست سنوات، عندما يفكر الطفل بخطر حقيقي أو متخيل، إن مشاعر التهيج السلبية تترك الأثر نفسه لدى الطفل سواء أكان موضوع القلق واقعيا أو متخيلا، وتتضمن أعراض القلق، التهيج، البكاء، الصراخ، سرعة الحركة، التفكير الوسواسي، الأرق، الأحلام المرعبة، فقدان الشهية، التعرق، الغثيان، وصعوبات التنفس والتقلصات اللاإرادية. (البطوش، ٢٠٠٧؛ (OLLENDICK& MARCH ,2004

مفهوم القلق

القلق: حالة من التوتر الشامل والمستمر، حدث للفرد نتيجة توقعه لخطر يهدده سواء أكان هذا الخطر خطرا حقيقيا أو خطرا رمزيا، وهذه الحالة يصبحها خوف غامض بالإضافة إلى الإعراض النفسية والجسمية. (العنزي، ٢٠٠٤)

حالة القلق:State anxiety

هي حالة انفعالية مؤقتة غير سارة تعبر عن مشاعر التوتر والخطر المدركة شعوريا، الأمر الذي يؤدي إلى زيادة نشاط الجهاز العصبي الذاتي. وتختلف حالات القلق في شدتها وتقلبها من وقت لآخر، ومن فرد إلى آخر، وذلك تبعا لحدة المثير الذي أدى إلى استثارتها وتنشيطها في لحظة محددة وتبعا لاستعداد الفرد. (الأحمد، ٢٠٠١)

أنواع القلق

يصنف القلق إلى نوعين رئيسيين هما:

١. القلق خارجي المنشأ (القلق المستثار) Exogenous : وهو القلق الذي خبره الناس في الأحوال الطبيعية كرد فعل على الضغط النفسي أو الخطر، كأن يصوب لص مسدسا إلى رأس فرد ما، أو عند فشل كوابح السيارة ، عندها يشعر الفرد بالاضطراب والارتجاف ، فيجف ريقه، وتعرق يداه وجبهته، وتزيد نبضات قلبه، وتلك استجابات دفاعية عادية يتعرض لها الإنسان كلما واجه مثل هذا المواقف.

٢. القلق داخلي المنشأ Endogenous: وهو ما يسمى بالقلق المرضي، والذي يحدث نتيجة أعضاء مختلفة من الجسم قد تعرضت لمرض ، فقد يحدث أن تزيد دقات القلب،أو أن يحس المصاب بالدوار أو الاختناق.

أما سبلبيرجر (Speilberger) فقد صنف القلق إلى نوعين هما:

١) قلق الحالة State Anxiety : وضع نفسي ينطوي على التوتر والخوف الذي يصاحبه تغيرات فسيولوجية وحركية تختلف في شدتها من موقف إلى آخر، وهذه الحالة مؤقتة وترتبط بموقف معين سرعان ما تنتهي عند شعور الفرد بزوال الخطر.

٢) قلق السمة Trait Anxiety : تمثل سمة شخصية شبه ثابتة لدى الفرد بصرف النظر عن الموقف .فهي صفة شخصية ملازمة تعكس الفروق الفردية في ردود فعل الأفراد نحو مواقف التوتر. (الطلالعة،٢٠٠٧)

أعراض القلق

يمكن تصنيف أعراض القلق بالأتي:

ا)- الأعراض النفسية: وتظهر على شكل ضغط أو شدة يشعر معها الفرد بالكدر، والعجز والانطواء على الذات الطيف والانفراد، والعداوة والشعور بالخوف، مما يؤثر على ثقته بنفسه، ويؤدي كذلك إلى الاضطراب وصعوبة التركيز في الانتباه إضافة إلى الاكتئاب والتشاؤم، كما يميل الفرد إلى توتر الأعصاب، بحيث يقوم بتأويل ما يظهر حوله تأويلا يندفع إلى التشاؤم وسوء الظن. Ghaziuddin , 2005)).

ب)- الأعراض الفسيولوجية والمتمثلة بما يستطيع الشخص الشعور به أو لا يستطيع الشعور به. وتضم المجموعة الأولى أعراض ضربات القلب السريعة وجفاف في الحلق، وضيق في التنفس، ووجع في الرأس ويظهر أحيانا التقيؤ والإسهال والإغماء.. وهكذا. أما المجموعة الثانية فتضم أعراضا لا يشعر بها الفرد ويقوم الجسد بها لمواجهة الظروف الجديدة والمتمثلة في إفراز الأدرينالين والهرمونات الأخرى التي تزود العضلات بالطاقة اللازمة للحركات المفاجئة المرافقة للقلق. (العضايلة، ٢٠٠٤، أبو عليا، ٢٠٠١؛ الشوربجي، ٢٠٠٣، الضامن، ١٩٨٤)

* **القلق الاجتماعي**

المقصود فيه هنا: إحساس الفرد بالغربة داخل المؤسسة أو المجتمع الذي يعيش فيه والذي يتفاعل معه على نحو أو آخر. فرغم تأثره بمجتمعه وتأثيره فيه ، فأنه لا يستطيع أن يذوب في تياره أو يتجانس تجانسا كاملا مع الاتجاهات السائدة في مجتمعه. (أسعد، د.ت)

العوامل المؤدية للقلق:

للقلق عوامل عديدة منها:

١. طرق معاملة الطفل داخل الأسرة والمدرسة والمجتمع.

٢. نزوع الطفل إلى الاستقلال، وبسبب فشله في الاعتماد على نفسه فإن ذلك يخلق حالة من الصراع لديه وهذا بدوره يكون مصدرا لقلقه.

٣. الاضطراب والتوتر النفسي الشديد وما يتعرض له الفرد من صدمات وأزمات ومخاوف مختلفة وضغوط حياتية بأنواعها الثقافية والبيئية.

٤. فيما يتعلق بالقلق المدرسي ، قد يكون ناتجا عن إدراك الطلبة لتهديد ما، مثل فقدان تقدير المعلمين واحترامهم، وفقدان الشعور بالأمن، والنقد الزائد، والإهمال، والإحباط المستمر، أو تدني تقدير الذات.

٥. التهديد المستمر للطفل، فتكون النتيجة أن تمتلئ نفسَ الطفل بالخوف والانزعاج والقلق.

٦. تكرار تعرض الطفل لمواقف الخوف والخطر فيصبح القلق والخوف من مكونات الشخصية للطفل

٧. العوامل الوراثية: أثبتت الدراسات وجود عوامل وراثية واضحة في القلق النفسي سيما في مرض الفزع.

٨. أشارت أحدى الدراسات إلى أن الأطفال الذين تعرضوا للعنف بدرجة

حادة كان لديهم مستوى عال من الإحباط والقلق، مقارنة بالأطفال الذين تعرضوا للعنف بدرجة قليلة. ومن ناحية أخرى توصلت الدراسة إلى أن دخل الأسرة يرتبط بمستوى القلق، فالأسرة ذات الدخل المرتفع ترتفع لدى أبنائها سمة المنافسة في المجال المدرسي، ومن ناحية أخرى تزداد حوادث التعرض للعنف داخل الأسر ذات الدخل المنخفض. (أبو عليا، ٢٠٠١). في حين رأى آدلر أن القلق سببه مشاعر النقص عند الفرد، سواء كانت جسدية أو معنوية أو اجتماعية، في حين رأى سوليفان أن القلق ناجم عن أي اضطراب في العلاقة المتبادلة بين الفرد والمجتمع الذي يعيش فيه. (الأحمد، ٢٠٠١؛ الطلالعة،٢٠٠٧؛ الشوربجي (٢٠٠٣)

العلاج:

- تعليم الأطفال الاسترخاء: لا يمكن أن يكون الأطفال قلقين ومسترخين في آن واحد، فيجب أن يتعلم الأطفال الاسترخاء وأخذ نفس عميق وإرخاء عضلاته.

- استخدام استراتيجيات عديدة لقمع القلق: و ذلك بأن يفكر الطفل بمشاهد هادئة ومفرحة، وهذا يساعده على إرخاء عضلاته المتوترة، وهذا يجب أن يكون ضمن التدريب على الاسترخاء، بالإضافة إلى التركيز على مشكلة واحدة بأن يختار الطفل ناحية من نواحي اهتماماته ويحاول حلها، إذا كان ذلك ممكنا ومواجهة مشكلاته كل واحدة في وقت معين.

- تشجيع الطفل للتعبير عن مشاعره: وذلك يمكن بإشراك الطفل في مناقشات الأسرة، وتكون المشاركة حرة بحيث يتاح لهم أن يعبروا عن أي مشاعر لديهم مثل الغضب أو الإحباط.

- الطرق المتخصصة: في حال أن يكون القلق طويلا فإن المساعدة المتخصصة يجب البحث عنها إذا لم تنفع طرق الآباء في القضاء على القلق ومن هذه الطرق الذي يستخدمها المعالجون التنويم المغناطيسي لتقليل الحساسية المتزايدة..(شيفر وملمان، ص٨٤)

القلق الاجتماعي

- تعريف القلق الاجتماعي: هو إحساس الفرد بالغربة داخل المؤسسة أو المجتمع الذي يعيش فيه والذي يتفاعل معه على نحو أو أخر. فرغم تأثره بمجتمعه وتأثيره فيه ، فأنه لا يستطيع أن يذوب في تياره أو يتجانس تجانسا كاملا مع الاتجاهات السائدة في مجتمعه (ميخائيل. د.ت). ولا شك إن الكائن الاجتماعي يكون عند ولادته لينا جدا.و يمكن له أن ينمو في عدة اتجاهات. يتوقف ذلك على التركيب أو الوضع الثقافي. فكل مجتمع يتبنى أنماطا ثقافية معينة. ومن ثم تصبح هذه الأنماط كمعيار للتنشئة الاجتماعية التي يربي أعضاءه وفقا لها؛ وعن طريق هذه العملية يفترض إن يصل التوافق الاجتماعي إلى الفرد طفلا أم كبيرا، وعلى أعضاء المجتمع إن يتماثلوا لهذا الوفاق، وتكمن الصعوبة أو الخطورة في حالة عدم وجود مثل هذا التماثل الذي يولد القلق الاجتماعي (مصطفى، ٢٠٠٢)

- هو حدوث استجابة انفعالية ومعرفية وسلوكية لموقف اجتماعي يدرك على أنه يتضمن تهديدا للذات، وخوفا من التقييم السلبي الذي يؤدي إلى مشاعر الانزعاج والضيق، وقد يؤدي إلى الانسحاب الاجتماعي والتحفظ والكف (الكتاني، ٢٠٠٤).

مظاهر القلق الاجتماعي:

تتضمن ظاهرة القلق الاجتماعي ثلاثة مظاهر هي:

١- مشاعر القلق الذاتي: وتشمل مشاعر الضيق والانزعاج من المواجهة الاجتماعية في موقف اجتماعي معين قد يكون حقيقيا أو متخيلا، ومحور هذا الجانب شدة الانتباه للذات، فمشاعر الضيق والانزعاج تثار لدى الفرد نتيجة أسلوب معين في التفكير يقوم على شدة المراقبة للذات العامة والجسدية أو تقدير الذات بشكل سلبي.

٢- المعلومات الاجتماعية: ويقصد بها المعلومات التي يكونها الفرد عن نفسه والآخرين حول قدراته ومهاراته ودوافعه وأفكاره بحيث تكون مقدمة لظهور سلوكيات القلق، فشعور الفرد بأنه في وضع اجتماعي أقل مما ينبغي أن يكون عليه يزيد من القلق الاجتماعي، وكذلك فأن شدة القلق الاجتماعي تعتمد على مدى شك الفرد في قدرته على تشكيل انطباع جيد لدى الآخرين.

٣- الجانب السلوكي: يقصد بها السلوكيات التي تظهر نتيجة التعرض للموقف الاجتماعي المسبب للقلق بوجود الآخرين، قد تكون لفظية مثل قلة الحديث الذي يشير إلى ارتفاع مؤشر القلق الاجتماعي، أو غير لفظية كالانسحاب الاجتماعي، والخجل، والارتباك وغيرها، ويزداد القلق الاجتماعي بقدر غموض الموقف، فالمواقف الجديدة تثير مشاعر عدم الأمن نظرا لأن الفرد لا يعرف المعايير التي يفضلها الآخرون ولا ردود أفعالهم، ومن هنا نادرا ما يحدث القلق الاجتماعي في مواقف مألوفة كالوجود مع الأصدقاء أو أفراد العائلة.(الركيبات، ٢٠٠٧)

أعراض القلق الاجتماعي

١. مشاعر أو عواطف ذاتية، مثل الشعور بالانضغاط أو الخوف، الوحدة، الحزن.

٢. سلوكيات ظاهرية مثل تجنب مصادر الأذى أو الألم والانعزال..الخ.

٣. تغيرات فيزيولوجية تساعد الجسم على أداء السلوك التجنبي أو الدفاعي مثل زيادة إفراز الأدرينالين أو التعرق.

هذا ويتميز القلق الاجتماعي بحالاته المختلفة بالمظاهر الرئيسية التالية:

١. انه قلق توقعي، أي انه يشير إلى حالة يتوقع الفرد فيها أذى يصيبه من مصدر ما، وقد لا يكون هذا الأذى المتوقع على المستوى الجسدي فحسب (كالخوف من مثير موضوعي مؤذ) بل يمكن أن يكون أيضا أذى نفسيا.

٢. يعني القلق الاجتماعي بمخاطر رمزية إلى حد بعيد، أي انه نوع من الخوف العام الناتج من الوجود في بيئة تهدد بالحرمان وعدم الأمن.

٣. يهتم القلق الاجتماعي بأنماط تكيف ذات طبيعة مبهمة أو غامضة، حيث يبدو الشخص القلق اجتماعيا غير قادر على تحديد ما يثير قلقه بشكل دقيق. (نشواتي، ١٩٨٧)

مستويات القلق الاجتماعي:

يظهر القلق الاجتماعي وفق ثلاثة مستويات وهي:

١- المستوى السلوكي: ويظهر في سلوكيات تجنب المواقف الاجتماعية والهرب منها كالابتعاد عن الحفلات العامة والتقليل من العلاقات والصلات الاجتماعية.

٢- المستوى المعرفي: ويكون من خلال التقييم السلبي للذات وتوقع التقييم السلبي من قبل الآخرين والانشغال بما يعتقده الشخص عن أفكار الآخرين تجاهه.

٣- المستوى الفسيولوجي: ويتجلى من خلال معاناة الشخص من أعراض جسدية مرتبطة بمواقف اجتماعية مؤثرة ومزعجة للفرد من حيث توقع التقييم السلبي من الآخرين فينعكس ذلك أعراضا جسدية كالتعرق، والارتجاف، والغثيان، والأرق وغيرها.

وجدير بالذكر أن هذه المستويات مترابطة مع بعضها وظيفيا، فسلوكيات التجنب والهرب تقود الفرد إلى توقع التقييم السلبي وغير الحقيقي من قبل الآخرين، وبالتالي ارتفاع درجة الإثارة الجسدية لدى الفرد عند التعرض للمواقف الاجتماعية.(الركيبات، ٢٠٠٧).

حالات القلق الاجتماعي

ا. الانطواء Introversion .

فالشخص الذي يحصل على درجة مرتفعة من حيث الانطواء يبدو خجولا وقلقا في جميع المواقف والأوضاع الاجتماعية، وفيما يلي بعض النصائح التي ينبغي على المعنيين إتباعها عندما يواجهون إفرادا انطوائيين أو لديهم نزعات انطوائية:

- تحديد ما إذا كان الانطواء يتجسد في سلوكيات لا اجتماعية متنوعة في جميع الأوضاع أو وضع محدد مثل البيت أو المدرسة، الشارع.

- تشجيع الشخص المنطوي على مباشرة بعض الخدمات التطوعية في المؤسسات.

- إتاحة الفرصة للتعبير عن الذات.

- تشجيعه على القيام ببعض النشاطات والاشتراك في المناقشات وقيادة بعض المجموعات الصغيرة وتمثيل دو الحاكم في بعض الألعاب والمسابقات.

ب. الانعزال Isolation . غالبا ما يتصف صاحب هذه السمة بالعزوف عن الاهتمامات والنشاطات الاجتماعية ويفضل أن يعمل منفردا وتنتابه التخيلات وأحلام اليقظة، وللتخفيف من حدة هذا السلوك يجب إتباع الأتي:

- محاولة دمج الإفراد ذوي السلوك الانعزالي في نشاطات تمارسها مجموعات صغيرة مؤلفة من شخصين أو ثلاثة أشخاص.

- تكليفهم بمهام ووظائف بسيطة وقصيرة.

- استثارة الانتباه بتوجيه الأسئلة المناسبة.

- تخطيط نشاطات جماعية تتطلب سلوكيات حركية ولفظية.

- تدريب الإفراد المحيطين بذوي السلوك الانعزالي على استخدام تقنيات التعزيز الاجتماعي. (نشواتي، ١٩٨٧)

ج. الانسحاب Withdrawal.

يحاول الفرد المنسحب تجنب الصراع، ويتقبل الحياة على نحو سلبي، ويفشل في انجاز تغيرات تطورية مناسبة ويفضل ممارسة ادوار غير فعالة في المدرسة والحياة.

وينبغي التعرف إلى الفرد المنسحب ومساعدته على اكتساب مهارات التواصل الاجتماعي المناسبة والعودة إلى المجتمع، ويمكن أن تكون النصائح التالية ذات فائدة في:

- تشجيع المنسحب على الاقتراب من الأشياء التي يقترب منها اقرأنه وزملاؤه.

- تشجيعه على رفع الإصبع في الصف.

- أشراكة في المشاريع التي تتطلب مجهود، وإحاطته بالإقران الأكثر محبة له والسماح له بالجلوس معهم.

- السماح له باختيار الزميل الذي يرغب في العمل معه والجلوس إلى جانبه.

- التحدث معه عن الأشياء التي يحبها أو يرغب فيها.

- تكليفه بمهام بسيطة مثل القص والطي واللصق.

- تكليفه بقراءة القصص، وإعادة صياغتها بلغته، وتكليفه بوظائف بيتيه قصيرة وتعزيزه على أدائها. (نشواتي، ١٩٨٧)

برنامج لتعديل القلق الاجتماعي

يتمثل السلوك الأنسحابي في تجنيب صاحبة للتواصل الاجتماعي السوي، وعدم الجلوس او التحدث مع الأقران أو الزملاء، وعدم الإسهام في النشاطات والمشاريع الجماعية، وعدم التواجد في الأماكن المزدحمة، وتفضيل المهام الفردية والعزوف عن تكوين الصداقات، والنزعة إلى الشعور بالوحدة، وهنا ينبغي أتباع الخطوات التالية لتعديل بعض أنماط السلوك الانسحابي والمتمثلة بالأتي:

١. تحديد السلوك المستهدف: ينبغي أن تحدد الاستجابات أو الأنماط السلوكية المرغوب في تخفيضها أو تقليل احتمالية ظهورها عند الطالب. والعمل على زيادة احتمالية ظهور أنماط سلوكية ذات صبغة اجتماعية بناءة مثل الاقتراب الفيزيائي من زملائه، والتحدث إليهم، ومناقشتهم في بعض الأمور.

٢. تحديد الحوادث المعززة للسلوك المستهدف: بعد القيام بتحديد السلوك المستهدف، ينبغي على المرشد أن يحدد الحوادث التي تعزز مثل هذه

الاستجابات والأنماط، وقد تتمثل هذه الحوادث بالاهتمام الزائد الذي يبديه المعلم نحو صاحب السلوك المعني. لذلك يجب الحيلولة دون حدوثها أو تكرارها، الأمر الذي يساعد على انطفاء السلوك غير المرغوب فيه وتشكيل السلوك المرغوب فيه.

٣. تحديد المعززات المؤثرة في تشكيل السلوك الاجتماعي و انتقاء المعززات المناسبة ذات التأثير في تطوير السلوك المرغوب فيه، وتجريب بعض هذه المعززات ليتأكد من فاعليتها في تغيير السلوك المعني وتعديله.

٤. تحديد الإجراءات السلوكية المناسبة التي يمكن استخدامها في تشكيل بعض أنماط السلوك الاجتماعي المرغوب فيها لدى أفراد معينين.

٥. تنفيذ الإجراءات السلوكية المعتمدة من خلال ترتيب الأوضاع المثيرة للقلق الاجتماعي والمحدد باستجابات سلوكية ظاهرية محددة بدءا من الأوضاع الأقل إثارة لهذا القلق وانتهاء بالأوضاع الأكثر أثاره له، ويمكن ترتيب الأوضاع المثيرة للقلق على النحو التالي:

- التفكير في الآخرين أو تصورهم.

- سماع أصواتهم.

- ملاحظتهم عن بعد.

- الاقتراب منهم مكانيا.

- التحدث إليهم.

- الاشتراك معهم في نشاط معين.

وبعد الانتهاء من ترتيب الأوضاع المثيرة للقلق الاجتماعي نعمد إلى تقريب الشخص المنسحب من هذه الأوضاع تدريجيا، فإذا نجح في الاقتراب من احدهما يصار إلى تقريبه من الأخر، وفي حال عدم

الاقتراب ينبغي الرجوع به إلى وضع اقل إثارة لاستجابات القلق الاجتماعي، وبذل كل جهد ممكن لتعزيز أية استجابة تؤدي إلى تشكيل السلوك المرغوب فيه.

٦. تقويم آثار الإجراءات السلوكية بملاحظة السلوك المستهدف، ويقارن ما يتوفر لديه من بيانات بمستوى الإجراء ليتمكن من اتخاذ القرارات المناسبة بصدد الاستمرار في تطبيق الإجراءات المتبعة أو تعديلها أو تغييرها.

٧. المتابعة: لا بد من عملية التخطيط لمتابعة عملية احتفاظ الشخص بالسلوك المرغوب فيه من خلال الحصول على تغذية راجعة من جميع الجهات ذات العلاقة، وعقد لقاءات دورية مع مجموعات صغيرة من الإفراد التي تعاني من إعراض القلق الاجتماعي، وتشجيع الوالدين والأقارب والزملاء والمعلمين على تعزيز السلوك الاجتماعي الصادر عن الشخص المعني في المواقف المختلفة لمساعدته على تعميم هذا السلوك على الأوضاع الاجتماعية المتنوعة. (نشواتي،١٩٨٧)

ثامنا: الخجل shy

مفهوم الخجل

-. هو حالة عقلية انفعالية، تتميز بالشعور بالضيق في اجتماع الخجول بالناس، وفي محاولته المستمرة لكف ومنع الاستجابات الاجتماعية العادية، ويصاحبه تغيرات فسيولوجية مثل احمرار الوجه والتأتأة في الكلام، وعدم الاتصال البصري مع الآخرين. (الضامن، ١٩٨٤)

- مفهوم الخجل يقصد به مستوى القلق وعدم الراحة والكف الذي يحدث في المواقف الاجتماعية.(يوسف وخليفة، ٢٠٠٠)

ظاهرة الخجل

من المعلوم أن ظاهرة الخجل من طبيعة الأطفال و تبدأ في سن الأربعة أشهر، وأما بعد كمال السنة فيصبح الخجل واضحا في الطفل، إذ يدير وجهه أو يغمض عينيه أو يغطي وجهه بكفيه إن تحدث شخص غريب إليه، وفي السنة الثالثة يشعر الطفل بالخجل عندما يذهب إلى دار غريبة، فهو قد يجلس هادئا في حجر أمه أو إلى جانبها طوال الوقت.

وتلعب الوراثة دورها في شدة الخجل عند الأطفال، ولا ينكر ما للبيئة من أثر كبير في ازدياد الخجل أو تعديله، فإن الأطفال الذين يخالطون غيرهم، ويجتمعون معهم يكونون أقل خجلا من الأطفال الذين لا يخالطون ولا يجتمعون (الغبرة، ١٩٩٣)

العوامل المؤدية للخجل:

الشعور بعدم الأمن: والذين يشعرون بقلة الأمن من الأطفال لا يستطيعون المغامرة، لأن الثقة تنقصهم، وكذلك الاعتماد على النفس، وهم مغمورون مسبقا بعد الشعور بالأمن وبالابتعاد عن المربكات، فلا يعرفون ما يدور حولهم بسبب موقفهم الخائف، ولا يمارسون المهارات الاجتماعية ويزداد خجلهم بسبب قلة التدريب والحاجة إلى التغذية الراجعة من الآخرين.

الحماية الزائدة: حيث أن الأطفال الذين تغمرهم الحماية الزائدة من الوالدين يصبحون غير نشيطين ولا يعتمدون على أنفسهم وذلك بسبب الفرص المحدودة لديهم للمغامرة كونهم قليلو الثقة بأنفسهم، لا يتعاملون مع بيئتهم أو مع الآخرين، ولذلك يتولد الشعور بالخجل والخوف من الآخرين.

عدم الاهتمام والإهمال: يظهر بعض الآباء قلة اهتمام بأطفالهم فيشعر هذا النقص العام الأطفال بالدونية والنقص، ويشجع على وجود الاعتمادية

عندهم، إن عدم الاهتمام بالأطفال يولد شخصية خائفة خجولة، ويشعرون حينئذ أنهم غير جديرين بالاهتمام.

النقد: فإن انتقد الآباء علانية أطفالهم يساعد على تولد الخوف في نفوسهم، لأنهم يتلقون إشارات سالبة من الراشدين، فيصبحوا غير متأكدين وخجولين، وبعض الآباء يعتقد أن النقد هو الأسلوب الأمثل لتربية الأبناء، لكن النتيجة للنقد المتزايد هي طفل خجول.

المضايقة: فالأطفال الذين يتعرضون للمضايقة والسخرية ينطوون على أنفسهم خجولين، وأصحاب الحساسية المفرطة تجاه النقد يرتبكون ويخجلون لو تعرضوا لسوء معاملة من إخوانهم الأكبر سنا، والشيء الأكبر خطورة هو نقد الطفل لمحاولتهم الاتصال بالعالم الخارجي.

عدم الثبات: فأسلوب التناقض وعدم الثبات في معاملة الطفل وتربيته يساعد على الخجل، فقد يكون الوالدان حازمين جدا أحيانا، وقد يكونا متساهلين في أوقات أخرى والنتيجة يصبح الأطفال غير آمنين وفي هذه اللحظة يصيبهم الخجل في البيت والمدرسة.

التهديد: وقت أن يهدد الآباء الأطفال، وينفذون تهديداتهم أحيانا، ولا ينفذونها أحيانا أخرى، يصبح لدى الأطفال رد فعل على التهديدات المستمرة بالخجل كوسيلة لتجنب إمكانية حدوث هذه التهديدات.

أن يلقب بالخجل: حتى لا يتقبلها الطفل كصفة لازمة له ويحاول أن يبرهن أنه كذلك، بحيث يصير التحدث السلبي مع النفس شيئا مألوفا.

المزاج والإعاقة الجسدية: هناك أطفال يبدون خجولين منذ ولادتهم، وبذلك يكون الخجل وراثيا، كما أن بعض الأطفال يكونون مزعجين والآخرين هادئين، وهذا النمط قد يستمر سنين من حياته، والإعاقات الجسدية غالبا

تسبب الخجل ومنها ماله علاقة بصعوبات التعلم أو مشاكل اللغة التي تؤدي إلى انسحاب الطفل اجتماعيا.

النموذج الأبوي: والآباء الخجولون غالبا يكون لديهم أطفال خجولين، فيرغب الطفل أن يعيش أسلوب حياة الخجل كما يرى والديه، واتصالاتهم بالمجتمع قليلة جدا.

طرق الوقاية من تكراره:

التشجيع والمكافأة: إن زيارة الناس الذين عندهم أطفال في نفس العمر شيء مفيد ونافع، وإن كان الطفل خجولا فمن المفيد أن يذهب رحلات مع أطفال متفتحين، ويجب على الأبوين أن يشجعا طفليها أن يكون اجتماعيا.

تشجيع الثقة بالنفس: يجب أن نشجع الأطفال وأن نمدحهم إن كانوا واثقين بأنفسهم، وذلك عندما يتصرفون بطريقة طبيعية ومع ذلك يجب أن يتعلموا انه ليس من الضروري أن ينسجموا مع كل شخص، كما أنه لا يجب أن تقدم حماية زائدة للطفل.

تشجيع السيادة ومهارات النمو: يحب أن يقدم التدريب المبكر بشكل فردي للأطفال وعلى شكل مجموعات يستطيعون من خلالها إشباع ميولهم وتجعلهم يتفاعلون مع الآخرين.

قدم جوا دافئا ومتقبلا: فالحب والانتباه لا يفسدان الأطفال كما يجب أن نستمع إليهم، وأن نسمح لهم بقول:لا، وأن نحترم استقلاليتهم. (شيفر وملمان، ص١٤٥)

طرق العلاج:

علينا أن نعود الأطفال على الاجتماع بالناس.. سواء جلب الأصدقاء إلى

المنزل لهم بشكل دائم، أو مصاحبتهم لآبائهم في زيارة الأصدقاء والأقارب، أو الطلب منهم برفق ليتحدثوا أمام غيرهم سواء كان المتحدث إليهم كبارا أو صغارا، ودمجهم في مواقف حقيقة، وهذا التعويد يضعف في نفوسهم ظاهرة الخجل، ويكسبهم الثقة بأنفسهم، ويدفعهم دائما إلى أن يتكلموا بالحق لا يخشون في سبيل ذلك لومة لائم، يجب أن تشجيع الأطفال أن يسألوا بصراحة عما يريدون وكيف يمكن لهم التغلب على خوفهم وارتباكهم من اجل التعبير عن أنفسهم، وتدريبهم على المهارات الاجتماعية، (الغبرة، ١٩٩٣، شيفر وملمان، ٢٠٠٦)

تاسعا: الاعتمادية الزائدة Over dependency

يتضمن السلوك الاعتمادي، الاتكال على الآخرين من حيث طلب المساندة والمحبة والدعم والانتباه، ويبرز السلوك الاعتمادي في مظاهر عدة تأخذ شكل الصراخ والبكاء والتوسل ومقاطعة حديث الآخرين والطلب من الوالدين عمل أشياء بإمكان الاعتمادي القيام بها، والرغبة في التواجد إلى جانب الكبار والطلب المتكرر للمساعدة والعون من الآخرين والبحث عن جذب انتباه الآخرين واهتمامهم. يظهر الطفل الاعتمادي الكثير من علامات عدم النضج مثل البكاء والنحيب والسلوك الاعتمادي، وغالبا ما يقاطع الطفل الاعتمادي المحادثة القائمة بين أبويه وكثيرا ما يطالبه بعمل أشياء له بإمكانه أن يعملها بنفسه، ومن الأمثلة على ذلك ولد في السادسة عشر من عمره يطلب من أمه أن تمشط له شعره، فالاعتمادي بدلا من أن يقوم بالمبادرة يستمر في الذهاب إلى الراشد طالبا المساعدة، ومن وسلوكاته الاقتراب الجسدي (الحاجة إلى البقاء بقرب أحد الراشدين) وكذلك رغبته في الحصول على الانتباه أو في أن يقوم أبواه بالاستمرار بمراقبته إذا ابتعد عن أمه ولو لفترة قصيرة من الوقت، ومن الغريب أن الكثير من الآباء الذين لديهم أطفال إعتماديون لا يبدو عليهم القلق بشأن هذا السلوك حتى لو ظهر من طفلهم البالغ من العمر اثنتي عشر سنة، ومع أنهم

يجدون السلوكيات غير الناضجة مزعجة إلا أنهم يعتقدون أنها سلوكات طبيعية، أو أن الطفل سيتخلى عنها عندما يكبر، وإذا كان هذا صحيحا إلى حد ما بالنسبة للذكور، إلا أنه غير صحيح بالنسبة للإناث بشكل خاص لأنهن من غير المحتمل أن يتخلصن من السلوكيات السلبية الاعتمادية عندما يكبرن. (البطوش، ٢٠٠٧)

عاشرا: السرقة (Stealing):-

هي الاستحواذ خفية وبقصد على ما يملكه الآخرون دون وجه حق، وعادة ما يكتسبها الأطفال، ومعنى ذلك أنها ليست وراثية أو فطرية وهي في الوقت نفسه ليست حدثا منفصلا قائما بذاته، وإنما هي سلوك يعبر عن حاجة نفسية، ويمكن فهم هذا السلوك في دراسة شخصية الطفل ومعرفة الدوافع وراءها والوظيفة التي يؤديها له، ويمكن تعريف السرقة بأنها امتلاك شيء ليس من الواضح (حسب تقدير الراشدين) أن يخص الطفل، وحتى يمكن تسمية حادث بأنه سرقة، يجب أن يعرف الطفل أن من الخطأ أن يأخذ الشيء دون إذن صاحبه، وحوادث السرقة البسيطة في مرحلة الطفولة الباكرة شائعة جدا، وهي تميل عند الأطفال إلى بلوغ ذروتها في حوالي عمر (٥-٨) سنوات، ومن ثم تبدأ بالتناقص، وينمو الضمير عند الأطفال بشكل بطيء كلما ابتعدوا تدريجيا عن اتجاه التمركز حول الذات والإشباع الفوري لدوافعهم ومن بين جميع المشكلات السلوكية في مرحلة الطفولة تعتبر السرقة أكثرها إثارة لقلق الآباء، حيث يرونها نموذجا للسلوك الإجرامي مما يولد الخوف في قلوبهم، كما يشعرون أن جيرانهم سوف يحكمون عليهم بناء على سلوك طفلهم، لحسن الحظ، هنالك خطوات محددة، يمكن للآباء إتباعها بأنفسهم للتعامل بفاعلية مع السرقة في مرحلة الطفولة، علما بأن السرقة عادية. (البطوش، ٢٠٠٧)

السرقة كمشكلة:

السرقة عند الأطفال من المشكلات الاجتماعية الحساسة التي تستلزم الوقوف عندها، والتعرف إلى الدوافع الأساسية الكامنة وراءها، لان تأصيل هذه المشكلة عند الأطفال قد تدفعهم مستقبلا إلى ارتكاب أخطاء جسيمة تؤثر في المجتمع، وفي نظرة الآخرين إليهم، وفي علاقاتهم الاجتماعية، وقد تتطور لتصبح مرضا بحد ذاته من الصعب على الفرد إن يتخلص منه سهولة.

السرقة: تعرف السرقة بأنها العدوان المقصود أو غير المقصود على ملكية الآخرين. ومن خلال هذا التعريف تبين أن السرقة مشكلة اجتماعية تظهر على شكل عدوان غير مشروع على ما يمتلكه الآخرون، سواء كان ذلك بقصد أو بدون قصد بغرض امتلاك شيء لا يخصه، ولكن لا يوصف السلوك عند الطفل بأنه سرقة، لا انه عرف أن من الخطأ أخذ الشيء بدون إذن صاحبه، وانه سوف يعاقب عليه، ولذلك يعد الخوف من العقاب، وسخط الوالدين على الطفل هو السبب الذي يمنع صغار الأطفال من السرقة.(الزعبي، ص١٣٣)

العوامل المؤدية إلى السرقة:

إن الأطفال يسرقون لعدة أسباب وهو يدركون أن ما يأخذونه يعود لغيرهم وهناك عدة أسباب للسرقة منها:

١- الظروف الاقتصادية والاجتماعية التي يعيشها: فالطفل المحروم يسرق لشراء بعض الأشياء التي يرغب فيها، مما يجعل الطفل يلجأ إلى السرقة لسد كفافه وكفاف أسرته، أو لشراء حاجاته الضرورية التي تعجز الأسرة عن الوفاء بها.

٢- الرغبة في الامتلاك، قد يسرق الطفل لرغبته في امتلاك واستخدام الشيء المسروق.

٣- شعور بعض الأهل بالسعادة عندما يقوم ابنهم بسرقة شيء ما وبهذا يشعر الطفل بالسعادة ويستمر في عمله.

٤- التقليد والمحاكاة، قد يسرق الطفل رغبة في تقليد من هم أكبر منه سنا، الوالد أو الأخ أو غيرهم ممن يؤثرون عليه حياته.

٥- أساليب معاملة الوالدين غير المناسبة:

إن التنشئة الاجتماعية غير السليمة، وعدم وجود معايير أخلاقية وغياب التوجيه في الأسرة يجعل الطفل يعيش في حالة من الضياع والتفكك، ويميل إلى الانحراف وينخرط في جماعات تؤدي به إلى السرقة وسلوكيات أخرى تؤدي إلى الإضرار به وبمستقبله وبالمجتمع.

٦- السلوك التعويضي الناجم عن غياب أحد الوالدين أو كليهما:

قد يسرق الطفل كتعويض رمزي لغياب أحد الوالدين أو كليهما عن المنزل، سواء أكان هذا الغياب بسبب الطلاق، أو الخلافات الزوجية، أو بقصد العمل في الخارج لمدة طويلة أو الوفاة. وقد تكون السرقة في هذه الحالة تعويضا رمزيا للحب ألوالدي والاحترام والمودة التي افتقدها الطفل.

٧- السرقة بدافع لا شعوري للانتقام وكردة فعل عن القسوة التي يعانيها من أحد والديه أو كليهما.

٨- من خلال سلوك السرقة يبرهن الطفل عن كراهيته لوالديه أو كليهما، ويستخدم هذا الأسلوب لتسوية الحساب عن ظلم حقيقي أو متخيل يلحق بالطفل،فهي مواجهة انتقامية وتعويض للعطف الذي حرم منه.

٩- تعويض الشعور بالنقص وتدعيم احترام الذات:

فالطفل يسرق، ويعطي للآخرين ليثبت لهم رجولته وكفاءته بأنه قادر على مجاراتهم في النفقات، كما أن إعطاء زملائه الحاجيات المادية التي يسرقها تجعله مقبولا عندهم، ويؤكد من خلالها مكانته الاجتماعية وانه قد أشبع هواية خاصة لديه، أو يستمع لوجود حسن المغامرة والاستثارة فيها.

١٠- القدوة السيئة: قد تكون السرقة عند الطفل نتيجة لنموذج سيء، إذ أن مشاهدة الطفل للأطفال الآخرين (الذي يعتبرهم قدوة له) يمارسون السرقة أمامه في المنزل أو في المدرسة ويؤدي إلى تقليدهم. (الزعبي، ص١٣٥؛ مختار، ١٩٩٩؛عامر ومحمد،٢٠٠٨)

طرق الوقاية منها:

ا. إكسابه القيم الايجابية: إذ على الأهل أن يعلموا الأطفال القيم والعادات الجيدة، والاهتمام بذلك قدر الإمكان، وتوعيتهم أن الحياة للجميع وليس لفرد معين، وحثهم على المحافظة على ممتلكات الآخرين، حتى في حال عدم وجودهم، نشوء الطفل في جو يتسم بالأخلاق والقيم الحميدة يؤدي إلى تبني الطفل لهذه المعايير.

ب. تخصيص مصروف ثابت للطفل حتى يستطيع أن يشتري به ما يشعر أنه يحتاج إليه فعلا، حتى لو كان هذا المصروف صغيرا، ولو كان مقابل عمل يؤديه في المنزل بعد المدرسة، يجب أن يشعر الطفل بأنه سيحصل على النقود من والديه إذا احتاج لها فعلا.

ج. عدم ترك أشياء يمكن أن تغري الطفل وتشجعه للقيام بالسرقة مثل النقود وغيرها من الوسائل التي تساهم بتسهيل السرقة باعتراضهم.

د. تنمية وبناء علاقات وثيقة بين الأهل والأبناء، علاقات يسودها الحب والتفاهم وحرية التعبير حتى يستطيع الطفل أن يطلب ما يحتاج إليه من والديه دون تردد أو خوف.

هـ الإشراف المباشر على الطفل بالإضافة إلى تعليمهم القيم والاهتمام بما يحتاجونه فالأطفال بحاجة إلى إشراف ومراقبة مباشرة حتى لا يقوم الطفل بالسرقة وإن قام بها تتم معرفتها من البداية ومعالجتها، لسهولة المعالجة حينها.

و. ليكن الوالدين ومن يكبرون الطفل سنا هم المثل الأعلى للطفل بمعاملته بأمانه وإخلاص وصدق، مما يعلم الطفل المحافظة على أشياءه وأشياء الآخرين.

ي. تعليم الأطفال حق الملكية حتى يشعرون بحقهم في ملكية الأشياء التي تخصهم فقط، وتعلمهم كيف يردون الأشياء إلى أصحابها إذا استعاروها منهم وبإذنهم. (شيفر وملمان،٢٠٠٦)

العلاج:

لا بد من الإسراع لاتخاذ الأجراء الفوري في حالة حدوث السرقة لدى الأطفال، ويكون ذلك بالبحث عن الأسباب المؤدية إليها. وفيما إذا كانت السرقة متكررة، ثم التعرف إلى الطريقة التي تمت بها السرقة، وما هي الصفات الشخصية للطفل السارق.

١. العمل على احترام ملكية الآخرين لدى الطفل:

٢. اتخاذ الإجراء الفوري المناسب عند حدوث السرقة من قبل الطفل:

٣. العمل على مناقشة الطفل فيما حققه من خلال السرقة:

٤. الابتعاد عن رفاق السوء وتوفير القدوة الحسنة للطفل. (الزعبي، ص١٣٧)

وترى دراسة (حسان،١٩٨٧) أن إجراء التصحيح الزائد يتفوق على غيره من الأساليب مثل العزل التأديبي والتصحيح البسيط، ويذكر بعض الأسباب التي يحتمل أن تؤدي إلى تفوق أسلوب التصحيح الزائد على الأساليب الأخرى في معالجة مشكلة السرقة، وهي:

أ). أن التعزيز الذي يؤدي إلى السرقة ويقود إليها ينتهي عند سحب الشيء المسروق من السارق وإعادته لصاحبه الأصلي.

ب). أن التصحيح الزائد يشكل معززا سلبيا، لأنه يتطلب جهدا إضافيا من السارق من اجل الحصول على الشيء الإضافي الذي سوف يقدمه إلى الشخص الذي سرقه منه.

ج). أن التصحيح الزائد هو إعادة تعليم للسارق، بمعنى أن السارق مجبر على ممارسة الفعل الايجابي وذلك عندما يعطي الشيء الإضافي إلى الشخص الذي سرق منه. فإعطاء شيء لشخص آخر ليس سرقة، إنما هو عمل ايجابي مرغوب وهذا ما يوفره أسلوب التصحيح الزائد.(حسان، ١٩٨٧)

الحادي عشر: البكاء الزائد: Crying

البكاء دليل على وجود حاجة ما في نفس الطفل، ويأتي في مقدمتها الشعور بالجوع. فلذا نرى أن الأمهات يحاولن إرضاع أطفالهن بالفطرة بإعطائهم الثدي عند البكاء.

العوامل المؤدية إلى البكاء:

(١)- هناك سب هام آخر لبكاء الطفل في الشهر الأول من العمر هو الشعور بالوحدة، وكثيرا من الأمهات لا تدرك أن الطفل يبكي من أجل الصحبة. في هذه الحال ينقطع بكاء الطفل لمجرد حمله وهناك أسباب كثيرة طارئة تستدعي بكاء الطفل كتغيير ثيابه أو عند استحمامه وغير ذلك.

(٢)- هناك عوامل أخرى للبكاء غير الجوع، كوجود فقاعة غازية كبيرة في المعدة بسبب ابتلاع الهواء أثناء الرضاعة، أو حدوث المغص المسائي الذي يسمى بمغص الثلاثة أشهر - إذ أنه يحدث في الأشهر الثلاثة الأولى من العمر.

(٣)- وقد يكون سبب البكاء ضيق الطفل من زيادة الألبسة، أو اشتداد الحر، أو اشتداد البرد، أو خروج أحد السبيلين، أو وجود اندفاع جلدي

حاك، أو شعور الطفل بطعم كريه كالذي ينجم عن قيئه أو رائحة كريهة. كما قد يبكي الطفل من ضجة مفاجئة أو نور شديد أو عند إطفاء المصباح وتركه في الظلام.

(٤) - قد يكون سبب البكاء ضيق الطفل من تقييد أطرافه وتثبيتها ومنعه من تحريكها عند إلباسه القماط وشده بالحزام حسب الطريقة القديمة، وهذا سبب هام في البيئات المتخلفة التي تعتمد هذه الطريقة من الإلباس. إذ الطريقة الصحية المريحة هي أن تكون الملابس ناعمة فضفاضة تدفئ الطفل دفئا معتدلا، لا تعيق حركة أعضائه أو أجهزته.

(٥) - هناك نوع من الأطفال المتهيجين أو النـزقين أو العصبيين كما يقال. فهم يبكون كثيرا وبشدة دون أن يعرف الإنسان لبكائهم سببا ويحدث هذا حتى في الأيام الأولى.

العلاج

تكمن المعالجة في تفهم الطفل وتلبية حاجاته المشروعة، وبالحلم والصبر واللطف والتحمل والمعاملة الحسنة المتوافقة مع بناء شخصية الطفل. ولا مجال للأدوية المهدئة أو المنومة إلا في حالات البكاء الناجمة عن الألم بسبب مرضي، والتي لم تكن موضوع بحثنا بالطبع. وفي الحالات الشديدة من البكاء المستديم المزعج، الذي لا يعرف سببه بعد الفحوص الطبية الدقيقة، في الحالات النادرة. (شيفر وملمان، ٢٠٠٦؛ الشوربجي، ٢٠٠٣)

الثاني عشر: الغضب: Rage

يعد من أهم مظاهر النمو الانفعالي لدى أطفال ما قبل المدرسة وأكثرها شيوعا، ويرجع ذلك إلى العديد من المواقف المثيرة لغضب الطفل، ولأنه يعلم أن استخدام الغضب أفضل و أسرع طريقة للحصول على ما يريد، أو لإشباع رغباته

وجذب انتباه الآخرين. وتختلف صور التعبير عن الغضب من طفل لآخر تبعا للتغيرات البيئية من ناحية، ولتعليم الوالدين من ناحية أخرى مثل إلقاء الطفل نفسه على الأرض والبكاء والصراخ. وقد تأخذ صورة الغضب صورة شاذة تبدو في تصلب أعضاء الجسم والإغماء كتعبير عن الغضب في هذه المرحلة. (المشاعلـة، ٢٠٠٧)

وعادة ما تحدث نوبات الغضب عند الأطفال بين نهاية السنة الأولى ونهاية السنة الثالثة على الأغلب، وهذا السن هو سن نمو صفات الذاتية والسلبية والمقاومة وحب الاعتداء. وقد يكون غضب الطفل شديدا، فيرمي بأشياء قد تكون ثمينة القيمة أو يكسر أشياء وقد يضرب برأسه الأرض أو يصفع نفسه أو يشد شعره وما إلى ذلك. ويقل الغضب مع مر السنين حتى نرى أن الطفل يحاول مسك نفسه عن البكاء بعد العاشرة إن حدث له أمر مراعيا في ذلك النظرة الاجتماعية.

جوانب الغضب

يشير علماء النفس أن الغضب يتألف من ثلاثة جوانب وهي:

- جانب شعوري ذاتي، يعلمه الشخص المنفعل وحده، ويختلف من انفعال إلى آخر تبعا لنوع الانفعال، وهذا الشعور يمكن دراسة عن طريق التأمل الباطني.

- جانب فسيولوجي داخلي كخفقان القلب، وتغير ضغط الدم، واضطراب التنفس، وسوء الهضم، وازدياد إفراز الغدد الصماء.

- جانب خارجي ظاهر، يشتمل على مختلف التعبيرات والحركات والأوضاع والألفاظ والإيماءات التي تبدو على الشخص المنفعل. (سمور وعواد، ٢٠٠٤)

عوامل مؤثرة في نوبات الغضب:

١. شعور الطفل بأنه محط للسخرية أو أن الآخرين لا يفهمونه ولا يستمع رفاقه إليه.

٢. وقوع الحوادث في الأسرة كالطلاق وإعادة الزواج تثير غضب وخنق المراهق خاصة إذا وقعت خلال فترة المراهقة.

٣. شخصية الطفل: إذ يصدر الغضب عن الطفل النشيط العنيد الكثير الحركة.

٤. وجود دور المقاومة ونمو ذاتية الطفل: نتيجة صدام شخصية الطفل النامية المتطورة مع إرادة الأهل، ورغبة الطفل المتزايدة في إظهار قدراته وتوجيه نظر الناس إليه وأن يسير حسب رغباته ٥. التقليد: قد يقلد الطفل أبويه أو إخوته إذا كانوا كثيري الغضب.

٦. عدم الاستقرار: إن فقدان الطمأنينة والاستقرار في نفس الطفل يزيد في حدوث ثورات الغضب عنده.

٧. مستوى ذكاء الطفل:

يكون مستوى الغضب عند الأطفال أعلى عندما يكون ذكاؤهم دون الوسط وذلك لأنه يتوقع منهم فوق ما يستطيعون أو لأنهم لا يفهمون حدود حريتهم.

٨. الجهل باختلاف طبائع الأطفال: وتجنب القواعد الثابتة الصارمة في معاملتنا لأطفالنا واستبدالها بقواعد أكثر مرونة.

٩. المبالغة في الاعتناء بالطفل وتدليه حتى يتجاوز حدود رغباته وعند ردعه يطلق ثورة الغضب.

١٠. الشدة والصرامة في المعاملة:

طلب الطاعة الفورية وتنفيذ الأوامر كثيرا ما تجلب بكاء الطفل الحاد. بل إن شدة الكبت والضغط تزيد من مقاومة الطفل.

١١. عدم انسجام الأبوين: كثيرا ما يحدث أن يذهب كل من الأبوين في اتجاه، فهذا يأمر وهذا ينهى وهذا يوافق وهذا لا يوافق مما يحدو بالطفل أن يثور ويغضب عند الحاجة كي ينال مراده.

١٢. تعب الأهل ونفاذ صبرهم أو عدم سعادتهم الذي ينعكس على معاملة الطفل ويؤدي إلى عدم القدرة على تحمله وسوء معاملة الطفل بطبيعة الحال تؤدي إلى اضطرابه وغضبه.

إرشادات لوالدي المراهقين في مواقف الغضب:

- كن واعيا بالكيفية التي تتعامل بها من حيث تصحيح الخطأ وماذا تريد منه، ولا تفرق بين طفل وآخر.

- إعطاء الطفل الاهتمام والإنصات عندما يتكلم معك، وتجنب إصدار الإحكام بينما لبنك المراهق يتحدث.

- إتاحة الفرصة له للتعبير عن مشاعره وأفكاره، وتبيان الجوانب الايجابية لديه. (الريماوي، ٢٠٠٣).

الوقاية العلاج

ا. التأكد من سلامة جسم الطفل وخلوه من الأمراض التي قد تجعله متعبا سريع الانفعال، فعلى الأم أن تكون عاقلة في معاملة ابنها، وتهيئ له أسباب المتعة والسعادة واللعب ليقضي وقته فرحا، وأن تقلل من الأوامر والنواهي. وأن تحرص على تنفيذ ما أعطت ابنها من تعليمات وهذه التعليمات يجب أن تكون معقولة وأن تأخذ بيد ابنها أخذا رفيقا مساعدة إياه في تنفيذها. وأيضا أن لا تثير مقاومته ولا تحطيم إرادة الطفل فإذا أرادته أن يفعل شيئا، إذ أن ذلك يؤدي إلى عواقب وخيمة تؤثر على شخصيته في المستقبل.

٢. على الآباء تجنب فرض القيود التي تعوق حركة الطفل، وعدم تعريضه لمواقف الإحباط والحرمان.

٣. تعويد الطفل على ضبط النفس منذ صغره بغرس الاتجاهات التي تجعله يمتنع عن الغضب.

٤. عدم الحديث أمام الأقارب والضيوف عن غضب الطفل وإصراره في تنفيذ رغباته، مما يظهر سيطرة الطفل ويجعله أكثر تمسكا بنوبات غضبه ليبقى على تسلطه وتحكمه في والديه.

٥. موقف الآباء الحازم والهادي تجاه غضب الطفل يشعره انه لا جدوى من استخدام أسلوب الغضب للحصول على مطالبه. (الشوربجي، ٢٠٠٣)

الثالث عشر: الغيرة (Jealousy)

هي استياء وغضب موجه نحو أشخاص آخرين، وهي استجابة طبيعية لفقدان حقيقي أو مفترض، أو تهديد بفقدان الحب. وعادة يكون الموقف الذي يسبب الغيرة مثيرا اجتماعيا يتضمن أشخاصا يشعر الطفل بالحب نحوهم، ويظهر ذلك في غيرة الطفل من المولود الجديد، فيعتبره الطفل غريمه ولا يتوانى في العدوان عليه، وقد يترتب على اهتمام الوالدين بالطفل الجديد أن يتسم سلوك الطفل بالنكوص والارتداد والعودة إلى سلوك طفلي مثل: مص الإبهام. ويختلف الألم الناتج عن الغيرة وشدتها لدى الأطفال بدرجة كبيرة. (المشاعلة، ٢٠٠٧) ويعرف الشوربجي (٢٠٠٣) الغيرة على أنها مزيج من الانفعالات المختلفة كالخوف والغضب والحقد والشعور بالنقص وحب التملك

مظاهر الغيرة عند الأطفال:-

ا. تزداد حدة الغيرة عندما يدرك الطفل أنه قد ترك أخاه الصغير في المنزل يتمتع وحده باهتمام وعطف وحنان أمه.

ب. ينتقل الشعور بالغيرة عند طفل المرحلة الأولى عند شعوره بأن زملائه يتمتعون بشهرة واسعة ونجاح مرموق.

العوامل المؤدية إلى الغيرة:

تظهر الغيرة عند الطفل عندما يشعر بضعف الثقة بينه وبين من حوله.

التميز الواضح في الأسرة بين الابن والبنت، والمقارنة السيئة بين الأخوات.

ميلاد طفل جديد في الأسرة، حيث يسترعي اهتمام الجميع، فيتولد لدى الآخرون شعور بالغيرة عندما تتوقف هذه العناية التي كانت تغدق عليهم من الكبار.

العلاج

* التعرف على الأسباب وعلاجها.

* إشعار الطفل بقيمته ومكانته في الأسرة والمدرسة وبين الزملاء.

* تعويد الطفل على أن يشاركه غيره في حب الآخرين.

* تعليم الطفل على أن الحياة أخذ وعطاء منذ الصغر وأنه يجب على الإنسان أن يحترم حقوق الآخرين.

* تعويد الطفل على المنافسة الشريفة بروح رياضية تجاه الآخرين.

* بعث الثقة في نفس الطفل وتخفيف حدة الشعور بالنقص أو العجز عنده.

* توفير العلاقات القائمة على أساس المساواة والعدل، دون تميز أو تفضيل على آخر، مهما كان جنسه أو سنه أو قدراته، فلا تحيز ولا امتيازات بل معاملة على قدم المساواة

* تعويد الطفل على تقبل التفوق، وتقبل الهزيمة، بحيث يعمل على تحقيق

النجاح ببذل الجهد المناسب، دون غيرة من تفوق الآخرين عليه، بالصورة التي تدفعه لفقد الثقة بنفسه.

* تعويد الطفل الأناني على احترام وتقدير الجماعة، ومشاطرتها الوجدانية، ومشاركة الأطفال في اللعب وفيما يملكه من أدوات.

* يجب على الآباء الحزم فيما يتعلق بمشاعر الغيرة لدى الطفل، فلا يجوز إظهار القلق والاهتمام الزائد بتلك المشاعر، كما أنه لا ينبغي إغفال الطفل الذي لا ينفعل، ولا تظهر عليه مشاعر الغيرة مطلقا.

* في حالة ولادة طفل جديد لا يجوز إهمال الطفل الكبير وإعطاء الصغير عناية أكثر مما يلزمه، فلا يعط المولود من العناية إلا بقدر حاجته، وهو لا يحتاج إلى الكثير، والذي يضايق الطفل الأكبر عادة كثرة حمل المولود وكثرة الالتصاق الجسمي الذي يضر المولود أكثر مما يفيده. وواجب الآباء كذلك أن يهيئوا الطفل إلى حادث الولادة مع مراعاة فطامه وجدانيا تدريجيا بقدر الإمكان، فلا يحرم حرمانا مفاجئا من الامتياز الذي كان يتمتع به.

* يجب على الآباء والأمهات أن يقلعوا عن المقارنة الصريحة واعتبار كل طفل شخصية مستقلة لها استعداداتها ومزاياها الخاصة بها.

* معاملة الأخوة بشكل متساوي، وبث الثقة في نفس الطفل.

* عدم الإفراط في تدليل الأطفال حتى لا يشعر بالغيرة.

* عدم إغداق امتيازات كثيرة للطفل المريض حتى لا تثير الغيرة في نفوس الأخوة الأصحاء.

* أشعار الطفل بقيمته ومكانته في الأسرة وفي المدرسة.

* تعويد الطفل على الأخذ والعطاء منذ الصغر حتى لا يغير بمجرد مشاركة غيره الامتيازات التي يحصل عليها، وتدريبه على احترام حقوق الغير.(الشوربجي، ٢٠٠٣؛ حسين، ١٩٨٦)

الرابع عشر: التمركز الزائد حول الذات (الأنانية): Selfishness

الأنانيون هم من يهتمون بأنفسهم أو بمصالحهم دون الاهتمام بمصالح الآخرين، حيث أن نظرة الأنانيين تقتصر على حاجاتهم الخاصة واهتمام الطفل الأناني مركز على نفسه فقط وهذا ما يميزه عن بقية الأطفال العاديين.

إن مفهوم الأطفال الأنانيون عن أنفسهم مفهوم غير وضح، ونظراتهم للآخرين هي نظرة سالبة، حيث ينقصهم الانتماء للجماعة ويجدون صعوبة في علاقاتهم مع الأطفال الآخرين ومع الأقران.

العوامل المؤدية إلى الأنانية:

ا - الخوف: المخاوف العديدة عند الأطفال تسبب الأنانية عندهم مثل مخاوف البخل، الرفض، الابتذال، وهم عادة يجدون يشعرون بالغضب والفزع، وبالتالي يميلون إلى الأنانية،ويصبحون مهتمين فقط بسعادتهم وسلامتهم الشخصية، ولذلك يحاولون دائما تجنب الأذى من الآخرين، ولذلك لا يعرضون أنفسهم ولو نسبيا إلى الاهتمام بالآخرين، ولا يظهرون أي نوع من أنواع التغيير في حياتهم، ودائما يسودهم شعور بالقلق والتهيج وهم يرون الأشياء من خلال أعينهم فقط ويفسرون وجهات نظر الآخرين بأنها مخجلة، هم متمركزين حول النفس ومتقلبي الأطوار.

ب - الدلال: بعض الأطفال يحاولون إبعاد أطفالهم عن أية مواقف مزعجة، ويقدمون لأطفالهم الحماية الزائدة، ويحرصون على إشباع كل ما يحتاجه أطفالهم، لذا ينشأ أطفالهم وهن غير قادرين على تنمية قوة الاحتمال أو تطوير ذواتهم وهذا يقودهم إلى الأنانية.

ج - عدم النضج: عدم الوعي الاجتماعي المناسب، (عدم التقيد بالاتفاقات وعدم تحمل المسئولية) إن الأطفال الذين لا يستطيعون تحمل الإحباط ويريدون الشيء الذي يريدونه عندما يريدونه، هؤلاء الأطفال لا يستطيعون المحافظة على كلمتهم وهم غير قادرين على تحمل المسئولية وهناك أسباب تمنع الأطفال من الوصول إلى النضج منها: الإعاقة، صعوبات اللغة، اضطرابات في النمو.

طرق الوقاية منها:

١ - تشجيع تقبل النفس: وهو أن تجعل للطفل قيمة وأن يشعر بأنه محبوب و توفير الأمان لهم، فإن توافرت للطفل القيمة والمحبة والأمان يصبح عنده استعداد للاهتمام بمصالح الآخرين.

٢ - تعليم الأطفال الاهتمام بالآخرين: " حقق سعادة الآخرين تحقق سعادتك " إن إظهار الاهتمام بأطفالك وبالآخرين يمثل نموذجا رئيسا يعتبرها الطفل قدوة، بعكس أن يكون الأبوان أنانيان.

٣ - تربيتهم على بغض التسلط: فتسلط الأطفال على الأطفال الضعفاء يشعر الآخرين بالأسى والفشل والحزن، لذا على الوالدين تربية الأطفال على عدم التسلط وحثهم على احترام الجميع.

تعويد الطفل على تحمل المسئولية: وهي طريقة طبيعية لتعليم الأطفال الاهتمام بالآخرين مثال تعليمهم الاهتمام وعناية بعض الحيوانات الأليفة، فإن قيام الأطفال بالأعمال الخفيفة هي دلالة على تحملهم المسئولية.

العلاج:

* تعليم الاحترام بواسطة لعب الدور: حيث أن للإباء دور كبير في ذلك، بسردهم قصص فيها قيم واضحة تحث على عدم الأنانية، وتظهر سلوك الاهتمام بالآخرين على أنه السلوك الصحيح.

- شرح ومناقشة وتعزيز النتائج الإيجابية للاهتمام بالآخرين: وذلك بشكر الأطفال على أي سلوك يظهر فيه احتراما نحو الآخرين، وشرح نتائج هذا الفعل في النفوس.

- شرح ومناقشة التأثيرات السلبية للأنانية: فلو كان الطفل أنانيا، يجب على الأب أن يناقشه بطريقة لطيفة، ومناقشة المواقف الأنانية وسلبيتها، مما يحفز الطفل أن يبتعد عن سلوك الأنانية.

- مناقشة وعي الأطفال وخبراتهم السابقة: فيجب تعليم الأطفال أن يكون متفتحي العقول وقابلين للنقاش، وأن يكونوا أقل خشونة في التعامل مع القضايا والمشاكل، وإظهار الاهتمام بهم وبغيرهم. (شيفر وملمان،٢٠٠٦؛ البحيصي، د.ت)

الخامس عشر:

مص الإبهام Thumb sucking و قضم الأظافر Nail biting

مص الإبهام

مفهومه:

هو سلوك عادي في الطفولة المبكرة، ويعد من أكثر العادات شيوعا وانتشارا بين الأطفال، وهي تتبع في الواقع سلسلة من التنظيمات الحركية العضلية النافعة للطفل والمؤدية إلى الإشباع وحدوث اللذة. (حسين، ١٩٨٦)

العوامل المؤدية له:

ا. الميل القوي للمص عند الصغار وهناك أدلة على أن بعض الأجنة تمص أصابعها وهي في الرحم.

ب. الإحساس بالسعادة والدفء والرضا و المتعة عند مص الأصبع.

ج. المص ممارسته تمنح الطفل الراحة والاسترخاء.

د. تعرض الطفل لحالات انفعالية شديدة ومستمرة من نوبات بكاء وانقباض وغضب شديد. (حسين، ١٩٨٦؛ شيفر وملمان، ٢٠٠٦)

قضم الأظافر Nail biting

لماذا قضم الأظافر:

ا. عدم القدرة على التكيف مع البيئة لسوء المعاملة.

ب. القلق النفسي الذي يرجع إلى الخلافات المستمرة بين الأبوين.

ج. التعرض لضغوط الامتحانات أو شعوره بالحرج لعدم قدرته على الإجابة على الأسئلة.

د. عدم القدرة على مواجهة بعض مواقف الحياة.

هـعدم إشباع حاجات الطفل النفسية، وافتقاره إلى الحنان والعطف.

و. افتقاد الحساس بالانتماء في الأسرة لكثرة المشاكل والخلافات الزوجية. (الشوربجي، ٢٠٠٣)

الأساليب الإرشادية والعلاجية للتخفيف من عادة قضم الأظافر وعلاجها:

١. مساعدة الطفل على تفريغ مشاعر الغضب والقلق من خلال إشراكه في بعض الأنشطة.

٢. توفير الحب والعطف للطفل والتقليل من عوامل التهديد والعقاب، وتقليم أظافر الطفل.

٣. وضع مادة منفره على أصابع الطفل دون علمه. (الزغول، ٢٠٠٦)

٤. تخفيف كثرة الانتقاد وتخفيف لائحة الممنوعات.

٥. إعطاء الطفل الوقت والحرية لممارسة اللعب واللهو دون الخوف من العقاب.

٦. عدم تحقير الطفل أو توبيخه وزيادة دافعتيه في التغلب على هذه العادة، ومكافأته إذا اقلع عنها. (فضة،٢٠٠٥؛ الطراونة، ٢٠٠٧)

العلاج:

علاج مص الإبهام أو قضم الأظافر:

يعرف مص الإبهام بأنه أي استجابة تكون نتيجتها أن يلمس الإبهام الشفتين أو يدخل في الفهم، وأن أكثر الإجراءات العلاجية استخداما في التخلص من مص الإبهام أو قضم الأظافر هي اللجوء إلى احد أشكال التعزيز التمييزي، والذي يعرف عادة باسم التعزيز المترتب على قيام الفرد بسلوك معين يستحيل حدوثه في آن واحد مع السلوك المراد علاجه أو محوه وهنا يتم تحديد معزز أو أكثر ويتحكم المرشد أو الوالد بتقديم هذا المعزز بحيث يقدمه للفرد إذا امتنع عن قضم أظافره أو مص إبهامه. أو أذا انشغل بسلوك يتعارض مع القضم أو المص، بينما يمتنع عن تقديمه (أو يوافقه) في حالة قيام الفرد بمص إبهامه أو قضم أظافره، وان سحب المعزز من الموقف وحرمان الفرد منه من شأنه أن يعاقب سلوك مص الإبهام أو قضم الأظافر ويزيد احتمال حدوث السلوك المعدل المضاد (وهو سلوك عدم المص أو عدم القضم أو سلوك يتعارض معها). (حسان، ١٩٨٧)

- التوجيه: من المفيد أن يعلم الطفل مخاطر هذه العادة، ويطلع على النتائج السلبية لها، فيطلب من والديه التعاون معه للتخلص منها.

-. الثواب والعقاب: لقد أثبت الثواب جدواه، سواء أكان مديحا أم هدايا تقدم للطفل، وتعتبر المأكولات بديلا عن المص وهي نوع من الفطام عنه، فيستحب مكافأة الطفل كلما وجد أصبعه جافا، وتعديد أشكال الثواب، بالإضافة إلى جدوى وجود عقوبة بسيطة لكل مرة يضبط فيها الطفل وهو يمص إبهامه، كحرمانه من بعض الحلوى أو إغلاق التلفاز مثلا

السادس عشر: العناد (التمرد والعصيان): Disobedience

وهو ميل الأطفال والمراهقون إلى عدم الإصغاء والاستجابة لمطالب الراشدين بشكل عام، حيث أنهم في بعض الحالات يتلكئون في عمل ما يطلب منهم أو الاستماع إلى الأفراد والنواهي والنصائح وقد تكون مثل هذه المظاهر أمر طبيعي ينسجم مع خصائصهم النمائية، ولكن ما يلفت النظر أن هناك البعض منهم تمادى في سلوك العناد والعصيان والتمرد وعدم الطاعة، ويميل هؤلاء الأفراد عادة إلى الغضب والانفعال بسهولة في مواجهة أفعال الآخرين ثم يلومون الآخرين على ما قاموا به هم أنفسهم، ويتميزون بانخفاض عتبة تحمل الإحباط لديهم والقابلية للاستثارة، كما يتميز السلوك المتمرد الذي يمارسونه بالاستفزازية ومقاومة السلطة ويظهر هذا السلوك ـ عادة ـ أثناء التفاعل مع أشخاص مألوفين لهم. (البطوش، ٢٠٠٧)

السابع عشر: الانسحاب الاجتماعي (Withdrawal)

الانسحاب الاجتماعي بأنه: نمط من السلوك يتميز عادة بإبعاد الفرد نفسه عن القيام بمهمات الحياة العادية ويرافق ذلك إحباط وتوتر وخيبة أمل، فالانسحاب الاجتماعي عامة هو الميل إلى تجنب التفاعل الاجتماعي والإخفاق في المشاركة في المواقف الاجتماعية بشكل مناسب والافتقار إلى أساليب التواصل الاجتماعي، ويتراوح هذا السلوك بين عدم إقامة علاقات اجتماعية أو بناء صداقة مع الأقران إلى كراهية الاتصال بالآخرين والانعزال عن الناس والبيئة المحيطة، وعدم الاكتراث بما يحدث في البيئة المحيطة. (البطوش، ٢٠٠٧).

الثامن عشر: تدني مفهوم الذات (concept Low self)

وهو شعور الطفل بأنه شخص بلا قيمة يفتقر إلى احترام الذات فهذا يؤثر على دوافعه واتجاهاته وسلوكه، فهو ينظر إلى كل شيء بمنظار تشاؤمي، إن

الأطفال الذين يفتقرون إلى الثقة بالذات ليكونون متفائلين حول نواتج جهودهم، فهم يشعرون بالعجز والنقص والتشاؤم ويفقدون حماسهم بسرعة، وتبدو الأشياء بالنسبة لهم وكأنها تسير دائما بشكل خاطئ، وهم يستسلمون بسهولة وغالبا ما يشعرون بالخوف ويصفون أنفسهم بصفات مثل (سيء) و (عاجز) ويتعاملون مع الإحباط والغضب بطريقة غير مناسبة، حيث يتوجهون بسلوك انتقامي نحو الآخرين أو نحو أنفسهم ولسوء الحظ فإن سلوكهم يؤدي عادة إلى أن يحمل عنهم الآخرون فكرة سلبية كالتي يحملونها عن أنفسهم، إن الأطفال الذين يحملون شعورا بأنهم فاشلون يدركون المكافآت المعطاة لهم باعتبارها ناتجة عن المصادفة أو الحظ وليست نتاجا لعملهم وجهدهم. (البطوش،٢٠٠٧) ٢

أنواع مفهوم الذات:

بشكل عام ينقسم مفهوم الذات إلى نوعين رئيسيين هما:

مفهوم ذات ايجابي: ويعني تقبل الفرد لذاته ورضاه عنها، ونجد في صاحب هذا النوع من الذات سهولة في التعامل مع الآخرين، كما لديه ثقة عالية في نفسه، وتمسك بكرامته ومستقل بذاته.

مفهوم ذات سلبي: وينطبق هذا المفهوم على مظاهر الانحرافات السلوكية والأنماط المضادة والمتناقضة مع أساليب الحياة العادية، والتي تخرج الأفراد العاديين عن الأنماط السلوكية العادية المتوقعة منهم في المجتمع. (البطوش، ٢٠٠٧) .

الأسباب:

١. الحماية الزائدة من الوالدين، تجعل الفرد ضعيف الشخصية، معتمدا على الآخرين.

٢. إهمال الوالدين للابن وعدم الاهتمام به، والتقصير نحوه يؤثر سلبا على مشاعره ونظرته حول نفسه.

٣. وجود نقص جسمي بالإضافة إلى الأفكار الخاطئة تؤدي إلى سلوكيات سلبية، وتقلل من تقدير الفرد لنفسه.

الخدمات الإرشادية

أ. حث ولي الأمر على رفع كفاءة الابن وتعويده على الاعتماد على نفسه.

ب. التركيز على الايجابيات والصفات الحميدة للفرد بمدحه وتقديره واحترامه وعدم السخرية من تصرفاته.

ت. تزويد الفرد بخبرات وتجارب ايجابية ومساعدته على تحقيق أهدافه والقيام بواجباته.(الطراونة، ٢٠٠٧)

التاسع عشر: الإحباط: Frustration

حالة انفعالية تتميز بالغضب والقلق، تحدث للفرد بسبب ما يتراكم في نفسه من رواسب ناتجة عن حرمانه من إشباع حاجاته الأساسية ورغباته، والإحباط قد يكون شخصيا ناتجا عن انخفاض قدراته العقلية، أو عللا معرقلة لأدائه الطبيعي، أو قد يكون الإحباط متأتيا من متغيرات بيئية تدعو إلى الإحباط كالوضع الاجتماعي والاقتصادي المتدني وحجم الأسرة وعدد الأولاد والمستوى الثقافي للوالدين وغيرها. (الظاهر،٢٠٠٤)

الفصل الثالث

نماذج من المشكلات الصفية

- التأخر الدراسي
- العنف المدرسي
- الهروب من المدرسة

ويعد ويكمان (Wakkeman) أول من أشار إلى المشكلات السلوكية في المدارس لأول مرة، وتطورت دراسة المشكلات السلوكية الصفية للوصول إلى تعريف مقبول للمشكلات السلوكية تساعد المعلم في غرفة الصف، وعليه فان الفرد الذي لديه مشكلات سلوكية هو الذي يتراوح معدل انخفاض سلوكه بين المتوسط والحاد، وهذا الانخفاض في السلوك يعمل على تخفيض قدرته على أداء واجباته المدرسية بفاعلية، ويظهر واحدة أو أكثر من النماذج السلوكية التالية:

ا. عدم القدرة على التعلم والذي لا يرتبط بالعوامل العقلية أو الحسية أو العصبية.

ب. عدم القدرة على بناء علاقات شخصية مع الأقران والمدرسين والمحافظة عليها.

ج. أنماط غير ملائمة أو غير ناضجة من السلوك والمشاعر في الظروف العادية.

د. مزاج عام من الشعور بعدم السعادة والحزن والكآبة.

هـ ميل لظهور اعرض جسمية مثل مشاكل في النطق والكلام ومخاوف مرتبطة بمشاكل شخصية.

المشكلات السلوكية في غرفة الصف

تظهر المشكلات السلوكية في غرفة الصف على عدة إشكال منها:

* اضطرابات عرفة الصف الناتجة عن مشكلات إدارة غرفة الصف وتتمثل في السلوك غير المرغوب فيه، عدم الطاعة، نوبات الغضب المؤقتة، إزعاج الآخرين والخروج من المقعد.

* السلوكيات غير الناضجة وتشمل النشاط الزائد، الاندفاع والتهور، الفوضى والاستهتار والصراخ.

* السلوكيات الخطرة وتشمل القلق والتوتر، المخاوف المرضية، ضعف تقدير الذات، الاكتئاب والصمت الاختياري.

* العادات المضرة وتشمل ضعف الأداء الأكاديمي واضطرابات في النطق.

* الاضطراب في العلاقات مع الزملاء وتشمل العدوان، الانسحاب والحياء والعزلة الاجتماعية.(عبيد،٢٠٠٨).

نماذج من المشكلات الصفية

(ا). التأخر الدراسي

التأخر الدراسي أو ما يعرف باسم Scholagtic Retardation .

قد عرفه علماء النفس كلا منهم على حدة، ولكن التعريف الشائع والمتداول هوحالة تخلف أو تأخر أو نقص في التحصيل لأسباب جسمية، أو اجتماعية، أو عقلية بحيث تنخفض نسبة التحصيل دون المستوى العادي المتوسط بأكثر من انحرافين سالبين (منصور،١٩٨٤)

أنواع التأخر الدراسي

وقد عرف التأخر الدراسي على أساس انخفاض الدرجات التي يحصل عليها التلميذ في الاختبارات الموضوعية التي تقام له، ولهذا صنف التخلف الدراسي إلى أنواع منها:

أ - التخلف الدراسي العام: وهو الذي يكون في جميع المواد الدراسية ويرتبط بالغباء حيث يتراوح نسبة الذكاء ما بين (٧١ - ٨٥).

ب – التخلف الدراسي الخاص:

ويكون في مادة أو مواد بعينها فقط كالحساب مثلا ويرتب بنقص القدرة.

ج – التخلف الدراسي الدائم:

حيث يقل تحصيل التلميذ عن مستوى قدرته على مدى فترة زمنية.

د – التخلف الدراسي الموقفي:

الذي يرتبط بمواقف معينة بحيث يقل تحصيل التلميذ عن مستوى قدرته بسبب خبرات سيئة مثل النقل من مدرسة لأخرى أو موت أحد أفراد الأسرة.

هـ – التخلف الدراسي الحقيقي:

هو تخلف يرتبط بنقص مستوى الذكاء والقدرات.

أسباب التأخر الدراسي

هناك مجموعة من الأسباب الجسمية (الخلقية) التي تلعب دورا حيويا في التأثير على مشكلة التأخر الدراسي ويمكن تلخيصها فيما يلي:

* أسباب جسمية مثل تأخر النمو وضعف البنية والتلف المخي، وضعف الحواس.

* أسباب عقلية مثل الضعف العقلي والغباء ونقص القدرات العقلية ونقص الانتباه وضعف الذاكرة والنسيان.

أسباب اجتماعية اقتصادية مثل الانخفاض الشديد للمستوى الاجتماعي الاقتصادي وانخفاض المستوى التعليمي للوالدين.

أسباب انفعالية مثل اضطراب الجو الأسري والاضطراب الانفعالي للوالدين، والشعور بالنقص وضعف الثقة بالذات والاستغراق في أحلام اليقظة.

- أسباب أخرى مثل سوء التوافق المدرسي، وسوء الجو المدرسي العام، وعدم المواظبة وكثرة الغياب والهروب. (زهران، ١٩٩٥)

علاج التأخر الدراسي

أولا: بعض التوصيات الإرشادية والعلاجية:

أولا: التشخيص:

يتم جمع معلومات عن الطالب المتأخر دراسيا من خلال وسائل جمع المعلومات المتنوعة وأهمها الاختبارات والمقاييس حيث يقوم الأخصائي النفسي بتطبيق المقاييس التالية:

-. التعرف على التلاميذ المتخلفين دراسيا حتى نتمكن من اتخاذ الإجراءات الصحيحة والعلاج المبكر).

-. توفير أدوات التشخيص مثل (اختبارات الذكاء، واختبارات التحصيل المقننة وغيرها.

-. استقصاء جميع المعلومات الممكنة عن التلميذ المتخلف دراسيا خاصة: (الذكاء والمستوى العالي للتحصيل وآراء المدرسين والأخصائيين النفسيين والاجتماعيين والأطباء إلى جانب الوالدين).

ثانيا: العلاج

من أساليب إرشاد علاج المتأخرين دراسيا ما يلي:

١-الإرشاد الوقائي:

تدور الخدمات الوقائية حول التصدي للأسباب التي تقف وراء التأخر الدراسي وذلك كما يلي:

- (١) توجيه الطلاب إلى نوع الدراسة الملائمة لمستوى تحصيلهم وقدراتهم العقلية وميولهم وذلك لتفادي تعثر الطلاب فيما بعد في نوع معين من الدراسة لا يتلاءم مع قدراتهم.

-(٢) توعية المعلمين بضرورة مراعاة الفروق الفردية بين التلاميذ باستخدام الوسائل التعليمية.

- (٣) متابعة الجوانب الصحية للطلاب بشكل دوري وإمداد المحتاجين منهم بالوسائل التعويضية كالنظارات الطبية أو سماعات الأذن.

-(٤) فتح قنوات اتصال بين المدرسة والوالدين في المنزل لمساعدة الطالب المتأخر دراسيا على تجاوز الصعوبات الدراسية.

-(٥) التصدي لبعض المشكلات التي يعكسها التأخر الدراسي كالسلوك العدواني والهروب من المدرسة، وسوء التوافق الشخصي والاجتماعي.

-(٦) توفير خدمات التوجيه والإرشاد العلاجي والتربوي والمنهي في المدارس لعلاج المشكلات لهؤلاء التلاميذ. إضافة إلى الاهتمام بدراسة الحالات الفردية للتلاميذ بحفظ السجلات المجمعة لهم.

-(٧) عرض حالة التلميذ على الطبيب النفسي عند الشك في وجود اضطرابات عصبية أو إصابات بالجهاز العصبي المركزي، وغير ذلك من الأسباب العضوية.

-(٨) المتابعة والتقويم. (منصور، ١٩٨٤؛ زهران،١٩٩٥؛ الببلاوي وعبدالحميد، د.ت)

البرامج العلاجية:

تختلف الخدمات العلاجية باختلاف نوع التأخر الدراسي، كما يلي:

أولا: إذا كان التأخر الدراسي عاما وشاملا، فلاشك أن التفكير سيتجه في هذه الحالة إلى انخفاض عام في معامل ذكاء الطالب، حيث أكدت مقاييس

الذكاء ذلك، وعلى الأخصائي النفسي هنا أن يتفحص العناصر المكونة للمقياس للتعرف على جوانب الضعف عند الطالب وتنمية تلك الجوانب، إضافة إلى استثمار السمات النفسية والدافعية على اعتبار أن الفقدان الجزئي للمكونات العقلية للتفوق يقابله تنمية الجوانب الشخصية الأخرى، ويتبع ذلك تدخل نفسي اجتماعي لمحاولة تعديل البيئة المحيطة بالطالب على اعتبار أنها تلعب دورا في تأخره العام وذلك على النحو التالي :

- ١عديل اتجاهات الطالب السلبية نحو المدرسة.

- ٢ تنمية الثقة بالنفس، ونمو مفهوم إيجابي للذات حتى لا يستسلم الطالب لفكرة الفشل.

-٣ تعديل توقعات الأفراد المحيطين بالطالب كالآباء والمعلمين وتعديل أسلوب معاملتهم له على أساس من الثقة.

- ٤ إذا كان التأخر الدراسي طارئا فعلى الأخصائي النفسي التركيز على العوامل البيئية والاجتماعية من قبيل تلك العوامل التي تم عرضها مسبقا. (الببلاوي وعبد الحميد، د.ت)

(ب). العنف المدرسي

العنف المدرسي: هو جملة الممارسات (الايذائية) البدنية أو النفسية والإجرائية أحيانا التي تقع على الطلبة من قبل معلميهم أو من بعضهم في المدرسة.

و يمكن تفسير عملية العنف المدرسي من عدة مناح:

الأول: التفسير النفسي Psychiatric explanation وهذا التفسير يركز على شخصية المعلم أو المتعلم؛ فالمعلم المضطرب انفعاليا يمكن أن يكون سببا في هذا العنف، وكذلك المتعلم الذي يتسم بسمات انفعالية غير سوية. أما المنحى

الثاني فيتعلق بالتفسيرات الاجتماعية sociological explanation وهذه التفسيرات تتعلق بالقيم الاجتماعية لدى المعلمين أو الطلبة؛ فالثقافة السائدة تعزز التسلط والعنف. (أبو عليا، ص١٠٢)

أشكال العنف المدرسي:

يأخذ العنف المدرسي عدة أشكال منها: العنف الجسدي physical violence، العنف النفسي psychological violence، ويمكن أن يأخذ العنف النفسي الأنماط الستة التالية:

- الرفض Rejection : ويتضمن رفضا لمطالب الطفل وحاجاته بطريقة فظة.

- إيذاء المشاعر وإهمالها Denial of emotion : ويتمثل في سلوك البرود، وعدم الاهتمام، وإهمال التواصل.

- الإذلال (الحط من القدر) Degradation: ويتخذ أشكالا مثل إذلال الطفل بحضور الآخرين، أو وصفه بالغباء أو مقارنته بالآخرين.

- الإرهاب Terrorization: ويعني إجبار الطفل على مشاهدة العنف الذي يمارس ضد الآخرين.

- العزل Isolation: ويتمثل في عدم السماح للطفل باللعب مع أقرانه، وإقفال الحجرة عليه، أو حرمانه من الأشياء التي يحبها.

- الاستغلال ويتمثل في الحصول على فوائد من خلال استغلال ضعف الطفل (أبو عليا، ٢٠٠١).

العوامل المرتبطة بانخفاض سلوك العنف في المدرسة

هناك عدد من العوامل الوقائية التي تقي من سلوك العنف وهي كالأتي:

ا. مرونة المزاج (Flexible temperament)).

ب. العلاقة الايجابية مع الآخرين.

ج. التعاطف Empathy)).

د. المعتقدات الدينية.

هـ. القدرات المعرفية، والاتجاهات الايجابية نحو المدرسة.

و. تقدير الذات والضبط الداخلي. (أبو عليا، ٢٠٠١)

ج. الهروب من المدرسة

وهي مشكلة تربوية و نفس اجتماعية واقتصادية تثير قلق الآباء والمدرسة والمجتمع ككل.

العوامل المؤثرة في حدوثها:

١. اتجاهات الآباء السلبية نحو التدريس أو المعلمين والتي تؤثر بدورها السلبي على الطفل طوال فترة تعليمه.

٢. تصوير المدرس على انه أداة للعقاب والتعذيب.

٣. عدم شعور الطفل بأهمية التعليم الذي يتلقاه من والديه ومن الراشدين من حوله قبل التحاقه بالمدرسة.

٤. الخوف والرهبة من المدرسة لعدم توافر الأمن والاطمئنان فيها ولما يشعره الطفل عن عدم تكيف مع زملائه ومع البيئة المدرسية.

غياب عوامل التشويق داخل المدرسة قبيل الشروع بعملية التعلم وجذب اهتمام الطفل بالأنشطة المناسبة له ولقدراته ولميوله وحاجاته.

علاج الهروب من المدرسة

ا. العمل على تكوين اتجاهات موجبة نحو المدرسة.

ب. التأكد من سلامة الطفل صحيا وعقليا ومن نضجه وقدرته على التعلم.

ج. ضرورة إجراء اختبارات مختلفة للتعرف على مدى نمو ونضج الطفل العقلي والنفسي والاجتماعي والانفعالي قبل دخول المدرسة.

د. مراعاة الفروق الفردية في التعليم، وتهيئة الفرص المتكافئة لكل طفل للنمو لكسب الخبرات بما يتناسب وقدراته واستعداداته وميوله.

هـ. ضرورة توفير المدرسة لكل المشوقات التي تجعل التلميذ يقدم على المدرسة ويحبها.(حسين، ١٩٨٦)

وأكد أبو شهاب (١٩٨٥) وجود أشكال مختلفة من المشكلات السلوكية لدى التلاميذ ومنها: العزلة، والتشكك، التسرب، ومخالفة أنظمة المدرسة، وعزى عوامل شيوع هذه المشكلات لدى تلاميذ الصفوف الأولى إلى:

شخصية المعلم داخل غرفة الصف.

طبيعة المادة التعليمية.

ج. طرق التدريس المتبعة.

د. عدم متابعة أولياء الأمور لأبنائهم لمعرفة سلوكهم في المدرسة.

هـ. انعدام التعاون بين أولياء الأمور والمدرسة مما يؤدي إلى تكرار الأنماط السلوكية السلبية وغيرها.

و. قد يعود سبب شيوع هذه المشكلات أيضا إلى أن الطفل تكون لديه صورة ذهنية عن المدرسة قبل دخولها تختلف عن الواقع، فهو يريد التعلم من خلال اللعب والعمل وليس عن طريق الشرح والانتباه.

الوسائل التي تساعد في الحد من انتشار المشكلات السلوكية بين التلاميذ:

المناخ الصفي المناسب.

الجو المدرسي العام . (صوالحة، ١٩٩٣)

ويشير (شهاب، ٢٠٠٣) إلى أن هناك سلوكيات أخرى تظهر على الأطفال في المدرسة، والممثلة بالأتي:

١. السلوكيات التي تظهر على الأطفال في عمر المدرسة:

ا. انخفاض (تراجع) الأداء Performance decline : ويشمل الأداء العقلي أو البدني أو الاثنين معا، ويظهر انخفاض التحصيل الدراسي.

ب. التناقض في الحالة المزاجية Discrepancy in mood : ويظهر في صورة مشاعر وسلوكيات غير مناسبة للموقف.

ج. الشكاوي النفسية الجسمية Psychosomatic complaints : وهي أعراض جسمية مرضية ذات أسباب نفسية، مثل آلام المعدة، والصداع النصفي وغيرها.

د. التغيرات السلوكية أو المشكلات السلوكية behavior changes or problems والمتمثلة في التبول اللاإرادي، ومص الإصبع وغير ذلك.

٢. السلوكيات التي تظهر على الأطفال المدرسة في سن أكبر والمراهقون:

١.- السلوكيات الخارجية الخاطئة Acting-out Behaviors: ومن أمثلة هذه السلوكيات: الانسحاب، واللجوء للمخدرات، والعنف، والانحراف.

٢.- انخفاض الثقة بالنفس وزيادة نقد الذات Low self-esteems and self criticism : إن كثرة لوم النفس تصيب الفرد وبخاصة المراهق بانخفاض في الثقة بالنفس.

٣.- تحويل الغضب Displaced anger: يحول المراهق غضبه من المعتدي إلى أقران آخرين، منهم المدرسون أو العاملون في المدرسة، أو الأطفال الآخرون ويكون ذلك في صور سلوك عدواني.

٤.- الانشغال بالذات Preoccupation with self: حيث يعد التفكير بطريقة ذاتية من مميزات مرحلة الطفولة، وهو ما يعد نوعا من النكوص. (شهاب، ٢٠٠٣)

الفصل الرابع

المشكلات السلوكية لذوي الاحتياجات الخاصة

المشكلات السلوكية للطلبة المكفوفين

المشكلات السلوكية للطلبة المعاقين سمعيا

المشكلات السلوكية لدى الأطفال المتخلفون عقليا

السلوك العدواني وذوي الاحتياجات الخاصة

النشاطات العلمية ودورها في تقليص المشكلات السلوكية

المشكلات السلوكية للطلبة المكفوفين

يمكن تعريف الإفراد ذوي المشكلات السلوكية بأنهم أولئك الإفراد الذين يستجيبون لبيئتهم بطريقة غير مقبولة اجتماعيا وغير مرضية شخصيا.

الكفيف: هو الفرد الذي لديه إحساس بالضوء وتبلغ إعاقته البصرية درجة حادة، تحتم عليه أن يتعلم بطريقة برايل أو بمواد ذات علاقة دون استخدام البصر.

المعوقين بصريا بطريفة كليا: هم الأشخاص الذين لا يستطيعون تعلم القراءة والكتابة إلا بطريقة برايل والوسائل المماثلة.

أشارت الدراسات إلى أن المعوقين بصريا أقل تكيفا من أقرانهم المبصرين وهو أقل تقبلا بصريا من أقرانهم المبصرين وهم أقل تقبلا من الآخرين، وفيما يتعلق بالخصائص الانفعالية فقد أشار كليمك إلى السمات السلوكية التي تنتج عن الإصابة بالإعاقة وهي الشعور الزائد بالنقص، وهو الشعور برفض الذات ومن ثم كراهيتها، الشعور الزائد بالعجز (الضعف والاستسلام له)، وعدم الشعور بالأمن وعدم الاتزان الانفعالي، كذلك الإنكار والتعويض والإسقاط والتبرير.(وريكات والشحروري، ١٩٩٦)

ومن ابرز المشكلات السلوكية الحادة التي ظهرت لدى الطلبة المكفوفين كانت الحساسية الزائدة، والسلوك الاعتمادي، وسلوك الشرود، وسلوك التشكيك، والشعور بالقلق، والسلوك النزق، والسلوك المتخاذل، والانسحاب من المشاركة الاجتماعية.

وكل تلك المشكلات يمكن جمعها في مجموعة واحدة يطلق عليها مجموعة

(الاضطرابات الشخصية). وتبين أن المكفوفين هم أكثر تعرضا للاضطرابات والضغوط النفسية، وان فقدان البصر يؤدي إلى سوء تكيف، ولأن المكفوفين يميلون إلى الانطواء والى الشعور بالتوتر والقلق، حيث وجد أن سلوك المكفوفين يتصف باللامبالاة وعدم الاهتمام بالأنشطة الجماعية سواء داخل النشاط المدرسي أو خارجه وعدم الرغبة في النجاح والدراسة، والانسحاب والنشاط الزائد والعدوان، والنمطية.

وقد يعود سبب شيوع هذه المشكلات أكثر من غيرها إلى اعتبارات منها:

ا. طبيعة الإعاقة وما تفرضه من واقع معين على حياة المعوق تجعله يعيش في بيئة محددة ومقيدة.

ب. يعيش الكفيف في صراع بين الدافع إلى الاستقلال والدافع إلى التبعية والرعاية بسبب الإعاقة، فهو يرغب من جهة أن تكون له شخصيته المستقلة، ولكنه يدرك انه مهما نال قسطا من الاستقلالية فإنه سيظل محدودا بدرجة لا يستطيع أن يتعداها، مرتبطا بمن حوله لخدمته ورعايته وقد يدفعه هذا الصراع إلى الشعور بالقلق أو يدفعه إلى المزيد من الاعتماد والانطواء أو يدفعه إلى التمرد والعدوان.

ج. أن العطف الزائد على الكفيف يدفعه إلى التكاسل والاتكالية والرغبة في الاعتماد على الآخرين.

د. ميل الكفيف إلى التشكيك وعدم الاطمئنان للغير، حيث يتعرض كل يوم لمواقف مختلفة لا تناسق بينها ولا انسجام بحيث لا يستطيع أن يتنبأ بنتيجة أي فعل لذا فهو لا يشعر بالأمن والثقة.

ه. أما بالنسبة للقلق عند الكفيف فهو نتيجة للصراعات التي يمر بها والخوف من الفشل، فهو يخشى أن يرفض ممن حوله بسبب عجزه.

و. يميل الكفيف إلى الانسحاب والانطواء ومن الممكن إرجاء ذلك إلى أن

الكفيف قد يفشل في تكوين صداقات مع الآخرين فيفضل أن يعيش وحده، أو يجد نفسه أمام مواقف تغلب عليها الشفقة والرأفة وتوفير الحاجات، وقد يجد نقيض هذه المواقف خارج بيئته مما يدفعه إلى الانسحاب والانزواء في بيئته، حيث يترك خياله يحلق في أحلام اليقظة كوسيلة تعويضية.

ز . ترتبط المشكلات السلوكية والاجتماعية لدى الكفيف بموقف المجتمع منه وبوجه عام وما يترتب على ذلك من صراع ينشأ عنه الانتباه والإحباط الذي ينشأ عن عدم الوصول إلى الهدف. (وريكات والشحروري، ١٩٩٦).

المشكلات السلوكية للطلبة المعاقين سمعيا

تعد الإعاقة السمعية من العوامل التي لها انعكاساتها السلبية على شخصية المعاق سمعيا وقدرته على التكيف مع المجتمع وبالتالي نظرته إلى نفسه وقدرته على أساس معتقداته نحو إعاقته ومدى تأثيرها على حياته، لذلك فأنه من المتوقع أن تتأثر العلاقات التي تسود بين الأسرة والمعاق بطبيعة الإعاقة، وأسبابها ونظرة كل من المعاق والأسرة إلى طبيعة الإعاقة.

وتذكر إحدى الدراسات أن المعاق سمعيا يتصف بالإهمال والفتور في همته، وعدم ميله إلى الاختلاط أو الاندماج في أية جماعة، ويتصف أيضا بحساسيته وباعتزاله الآخرين وبالشك وغيرها من الظواهر الاجتماعية، ويعد المعاقون سمعيا أقل توافقا من غيره، وأكثر جمودا من غيرهم الأسوياء في بعض الإعمال، ووجد أن مستويات الطموح لديهم غير واقعية، فهي إما عالية جدا أو منخفضة جدا. (صوالحة، ١٩٩٨)

في ضوء ما سبق نخلص إلى أن هناك العديد من المظاهر والسمات الانفعالية لطفل هذه المرحلة المبكرة منها:

- الحدة والشدة الانفعالية بشكل مبالغ فيه.

- التنوع الانفعالي.

- التقلب والتذبذب الانفعالي (من الغضب إلى السرور مثلا).

- عدم الاستقرار.

- التعبير اللفظي عن الانفعالات.

- قصر فترة الانفعال.

- الشفافية في التعبير عن الانفعال،أي أن الانفعال سرعان ما يظهر على قسمات وجهه ويصعب إخفاؤه.. (دوجان ، ١٩٩٦)

أما أكثر الانفعالات شيوعا لدى أطفال هذه المرحلة فهي:

- الخوف ، وقد يظهر لدى الطفل نتيجة لقصور تطوره العقلي عن إدراك حجم المخاطر التي تهدد حياته،أو الحماية الزائدة أو القسوة والخبرات المؤلمة ،الحرمان العاطفي كترك الأم طفلها دون رعاية وغيابها عنه لفترة طويلة ، سرد القصص والحكايات المخيفة أو رؤية الأفلام المرعبة، التقليد لمخاوف الكبار.. (دوجان ، ١٩٩٦)

- الغيرة ، وهي انفعال مركب من الغضب والكراهية والحزن والخوف والقلق والعدوان ، تحدث عندما يشعر الطفل أن تهديدا قد يفقده الحب والدفء العاطفي ، وقد تتأثر الغيرة بضعف الصحة الجسمية للطفل ، الخبرات المؤلمة ، البيئة المنزلية المضطربة، التفريق بين الأطفال في الأسرة ، إهمال الوالدين للطفل عند قدوم طفل جديد. (دوجان ، ١٩٩٦)

- الغضب ، يغضب الطفل لكثرة المواقف المثيرة في حياته ، فضلا عن انه يجد في ثورات الغضب وسيلة سهلة لتحقيق مطالبه وذلك عندما يحبط الطفل وتكثر الحواجز التي تحول دون تحقيق رغباته.

- حب الاستطلاع والاكتشاف، ويظهر هذا الشكل لدى الطفل حين يكثر

من طرح الأسئلة ، وجمع المعلومات وفحص الأشياء وما يصاحب ذلك من إتلاف للأثاث المنزلي أحيانا.

- العناد وقلة الطاعة

- المرح والسرور

- الحب

- الاكتئاب ، وهو شعور بالحزن والغم مصحوبا بانخفاض في الفاعلية غالبا ومن أسبابه الشعور بالذنب والعجز والتوتر ، أو الاستجابة والاستسلام لخسارة عاطفية كانفصال الوالدين ، الصراعات الأسرية الشديدة والمتكررة ، والاضطرابات الفسيولوجية.

الخجل ، ويظهر في تجنب الآخرين ، ضعف الثقة بالنفس ، وقد يعود ذلك إلى مشاعر عدم الأمن إما للحماية الزائدة أو الإهمال الشديد ، أو تدني مفهوم الذات. (دوجان ، ١٩٩٦)

المشكلات السلوكية لدى الأطفال المتخلفون عقليا

ينظر إلى الأطفال المتخلفين عقليا بأنهم الأطفال الذين ينخفض مستوى الأداء العقلي العام لديهم بواقع انحرافين معياريين عن المتوسط (معامل ذكاء دون٧٠)، ويعانون من عجز في السلوك ألتكيفي. يمكن أن يعد أن الشخص متوسطا في الذكاء إن استطاع أداء ما يستطيع أبناء سنه أداءه.

ما هي درجات التخلف والذكاء

التقسيم المتعارف عليه لدرجات التخلف والذكاء يعتمد على مقياس معامل الذكاء (Quotion Intelligence)، الذي يمكن قياسه باختبارات خاصة لكل مرحلة عمريه، ويمكن توزيع الأفراد بعد إجراء الاختبارات إلى مجموعات

معتمدة على درجة الانحراف المعياري عن الحد الطبيعي ومعامل الذكاء، كما يلي(طه وآخرون، د.ت).

قدم عالم النفس الألماني شتاينر مفهوم معامل الذكاء الذي حدد بالآتي:

$$\text{معامل الذكاء} = \frac{\text{العمر العقلي } (\text{ع ع})}{\text{العمر الزمني } (\text{ع ز})} \times 100$$

وللإيضاح أن طفلا بعمر زمني قدره أربع سنوات وشهران قد حصل على عمر عقلي بلغ خمس سنوات فيكون معامل ذكائه:

$$\text{م ذ} = \frac{60 \times 100}{50} = 120$$

ويواجه الأطفال المتخلفون عقليا مشكلات سلوكية وانفعالية واجتماعية تزيد كثيرا عن تلك التي يواجهها الأطفال عموما، وتتنوع نماذج تطبيق أساليب السلوك مع الأطفال المتخلفين عقليا وتأخذ أشكالا كثيرة منها: تدريب أولياء الأمور، المعلمين، الرفاق، أو الأطفال أنفسهم (من خلال برامج للتنظيم الذاتي) أو المعالجين والاختصاصيين.

أما السلوكيات المستهدفة في برنامج تعديل السلوك تتمثل بما يلي: إيذاء الذات، السلوك النمطي، السلوك الفوضوي والتخريبي، السلوك العدواني، النشاط المفرط، وضعف الانتباه والتشتت، والتفاعلات الاجتماعية غير المناسبة، والعناد والعادات الكلامية واللغوية غير المقبولة، والعادات الشخصية الشاذة.

السلوك الفوضوي: هو سلوك يؤدي إلى تعطيل أو عرقلة نشاط الآخرين مثل إصدار أصوات غير مناسبة، إلقاء الأشياء على الأرض..الخ.

السلوك النمطي: هو أفعال حركية متكررة غير وظيفية وعديمة الهدف مثل هز الجسم، التلويح باليد، حك الجسم.

معالجة المشكلات السلوكية لدى الطلبة ذوي الإعاقات المختلفة

هناك الكثير من الدراسات التي اهتمت بتقييم ومعالجة المشكلات السلوكية لدى الطلبة ذوي الإعاقات المختلفة، حيث ركزت على استخدام أساليب سلوكية عديدة يمكن استخدامها بفاعلية لتعديل هذه المشكلات السلوكية ومنها:

١. ضرورة تدريب أولياء الأمور والمعلمين على تطوير مهاراتهم في تعديل السلوك، وتطوير مستوى معرفتهم بخصائص هؤلاء الأطفال وباستراتيجيات تلبية احتياجاتهم السلوكية.

٢. الممارسة الايجابية والتي تشمل إرغام الطفل الذي يخالف قواعد السلوك الصفي المتبعة على البقاء في غرفة الصف في فترة الاستراحة وهي أثناء هذه الفترة كان الطفل أيضا يخضع لتدريب سلوكي مكثف.

٣. استخدام أسلوب التجاهل المخطط له (المحو) لإيقاف أنواع مختلفة من السلوكيات غير التكيفية بما فيها السلوك النمطي والسلوك الفوضوي والسلوك العدواني.

٤. تنفيذ مزيد من البرامج التدريبية لخفض الأنماط السلوكية غير التكيفية من جهة وتشكيل وتدعيم الأنماط السلوكية التكيفية لديهم من جهة أخرى.

٥. استخدام أساليب التصحيح الزائد، والتعزيز التفاضلي لخفض السلوك، والمحو لمعالجة الأنماط السلوكية المستهدفة.

- التعزيز التفاضلي لغياب السلوك: أسلوب لخفض السلوك غير المناسب،

ويشمل تقديم التعزيز الايجابي للشخص في حال امتناعه عن تأدية السلوك غير المناسب ومحو(تجاهل) هذا السلوك في حالة حدوثه.

* التصحيح الزائد: أسلوب لخفض السلوك غير المناسب، يشمل إرغام الشخص على إزالة الضرر الذي نجم عن سلوكه، وذلك بعد توبيخه وتذكيره بما هو مقبول وما هو غير مقبول، وكذلك ينفذ التصحيح الزائد من خلال إرغام الشخص على تعلم وتأدية سلوك نقيض للسلوك غير المناسب المراد خفضه (الممارسة الايجابية) أو إرغامه على القيام بنشاطات حركية مرهقة بعد تأديته للسلوك غير المناسب.

* المحو: (أو ما يسمى التجاهل المخطط له) أسلوب لخفض السلوك غير المناسب عن طريق إيقاف التعزيز الذي كان يحافظ على استمرارية حدوثه في الماضي. ويعني ذلك عمليا الامتناع عن الانتباه للشخص عندما يظهر السلوك غير المناسب المراد خفضه أو التوقف عن تعزيزه لفظيا أو ماديا أو غير ذلك. (الخطيب، ٢٠٠٤)

السلوك العدواني وذوي الاحتياجات الخاصة

يعد السلوك العدواني إحدى المشكلات السلوكية التي تواجه القائمين على تعليم وتربية وتدريب الأفراد المتخلفين عقليا، حيث يمثل السلوك العدواني مشكلة كبيرة للطفل المتخلف عقليا من حيث الآثار التي يتركها عليه من حيث الآثار التي يتركها عليه من حيث إيذاء نفسه وعدم مقدرته على إقامة علاقات اجتماعية مقبولة مع زملائه.

١. يعد السلوك العدواني من أكثر العوامل تأثيرا في القرارات التي تتخذ بشأن تحديد نوع الخدمة التي يمكن أن تقدم للفرد المتخلف عقليا.

٢. يعد السلوك العدواني وما يصاحبه من مشكلات السلوك الأخرى عاملا رئيسيا في سوء التوافق.

٣. يؤدي السلوك العدواني إلى ضياع كثير من الوقت الذي ينبغي للقائمين على رعاية وتأهيل الأفراد المتخلفين عقليا تخصيصه لعمليات التأهيل والتدريب وذلك بسبب الوقت الذي يصرفونه في مراقبة التصرفات العدوانية لهؤلاء الأفراد.

٤. يعد السلوك العدواني سلوكا مكروها ومبغضا وغير مقبول من الناحية الاجتماعية مثله في ذلك مثل السلوكيات غير المقبولة اجتماعيا، كالبذاءة الجنسية واللعب بالبول.

٥. يزيد من احتمالية أن يكون الأفراد المتخلفون عقليا ضحية للإيذاء وسوء المعاملة الجسدية من قبل القائمين على تعليمهم ورعايتهم.

٦. يعد السلوك العدواني من أكثر المشكلات التي تؤدي إلى إحالة الأفراد المتخلفين عقليا إلى خدمات الطب النفسي وغيرها من خدمات الصحة النفسية.

٧. يزيد السلوك العدواني من خطورة الفشل في الوظائف التنافسية، حيث تقل فرص الأفراد المتخلفين عقليا الذين يظهرون السلوك العدواني في الحصول على وظيفة في ظل التنافس عليها.

٨. يجعل السلوك العدواني الأفراد المتخلفين عقليا عرضة للتجنب والعزلة من قبل الإفراد المحيطين بهم كالآباء والإخوة والأقران مما يؤثر على تفاعلهم الاجتماعي وتكوينهم الشخصي.

٩. يمثل السلوك العدواني عقبة رئيسية في طريق الأفراد المتخلفين عقليا عند النظر في إمكانيات دمجهم داخل المجتمع. (دبيس، ١٩٩٩)

الأطفال المتوحدين:

التوحد:Autism

هو مصطلح يشير إلى الانغلاق على النفس والاستغراق في التفكير، وضعف القدرة على الانتباه، وضعف القدرة على التواصل وإقامة علاقات اجتماعية مع الآخرين، فضلا عن وجود النشاط الحركي المفرط.

كما أن فئة المتوحدين عادة ما يتم إلحاقها بمراكز الإنماء الفكري مع المعاقين عقليا. بهدف إكسابهم بعض المهارات اللازمة للتفاعل الاجتماعي وتنميتها، وتدريبهم بهدف تحقيق قدر معقول من الاتصال بالآخرين، وإقامة علاقات اجتماعية مقبولة وناجحة معهم، عن طريق تنمية قدراتهم واستعداداتهم ومهاراتهم الاجتماعية. (بخش، ٢٠٠٢)

النشاطات العلمية ودورها في تقليص المشكلات السلوكية

أهمية النشاطات العلمية في صقل شخصية المتعلم وتقليص المشكلات السلوكية التي يعاني منها بعض المعلمين.

يجب أن تعتمد العملية التعليمية على بعض المبادئ مثل المشاركة في النشاطات المختلفة وخاصة الحركية منها، وإشباع حاجة الطلبة إلى أنشطة تنمي شخصياتهم وتفيد في تنمية قدراتهم الإدراكية، وتتلخص أهمية النشاطات العلمية بالأتي:

١. تتضح أهمية دور المرشد والمعلم في مساعدة الطلبة الذين يعانون من مشكلة أو أكثر وتؤثر على تحصيلهم الدراسي، وذلك بدفعهم للعمل مع الجماعة وتنظيم النشاطات لهم، ومتابعتها وتوجيهها لأنها تسهم بشكل كبير في إكساب الفرد خبرات متنوعة تساعده على النمو النفسي وبالتالي تؤهله لمواجهة أية مشكلة تصادفه.

٢. تؤكد التربية الحديثة على استخدام مبدأ النشاطات بمختلف أشكالها في عملية التعليم وتركز على أن تكون هذه النشاطات هادفة لأن النشاط الغير هادف يؤثر في شخصية الطالب بصورة عشوائية وعلى العكس فإن النشاط الهادف والمخطط له يساعد في فهم واستيعاب ما يتعلمه، ويجعل الفرد يتعلم من أخطائه، كما يجعله قادرا على ضبط النفس والشعور بالمسؤولية، لذا ينبغي الاهتمام بالنشاطات التعليمية والتعامل معها على إنها أجزاء أساسية من أي موقف تعليمي.

٣. يعد التعليم عن طريق النشاط من المفاهيم الحديثة، إذ يعمل على تحقيق كثير من الأهداف، أهمها تهيئة مواقف تربوية محببة إلى نفس المتعلم، واكتشاف مواهب المتعلمين وإبراز ميولهم والعمل على تنميتها وتوجيهها بشكل سليم، واحترام العاملين وتنمية حب العمل، ووقاية المتعلمين عن طريق استغلال أوقات فراغهم فيما يفيدهم، وعلاج الكثير من المشكلات النفسية التي يعاني منها بعض المتعلمين كالخجل، والانطواء، والعزلة والترويح عن النفس.

٤.تبدوا أهمية النشاطات في مرحلة الطفولة المتوسطة، حيث تظهر السمات النمائية الأساسية لدى المراهق، وهذه المهمات تتحدد بتحقيق علاقات جيدة مع الرفاق، وتحقيق الاستقلال الانفعالي والتدرب على الدور الاجتماعي والإعداد لاختيار المهن واكتساب القيم والنظام والأخلاق كموجه للسلوك.

٥. أن استخدام النشاطات الفنية كوسيلة للتنفيس تساعد الفرد على تكوين شخصية متزنة، كما أن هذه النشاطات تلعب دورا هاما في العلاج النفسي والكشف عما داخل الفرد. (رواقه والطعاني وقواسمي، ١٩٩٨)

الفصل الخامس

تشخيص المشكلات السلوكية

مفهوم التشخيص

مراحل التشخيص

وسائل الكشف عن المشكلات السلوكية

تشخيص المشكلات السلوكية

تشخيص المشكلات السلوكية

التشخيص

مفهومه

هو إجراء تقويمي معمق وتفصيلي يطبق على الأطفال الذين تم الاشتباه بوجود مشاكل لديهم أثناء عملية الكشف، والهدف من ذلك تحديد فيما إذا كان لدى الطفل حاجات خاصة أم لا، وذلك لتحديد طبيعتها ومداها وأسبابها واقتراح إجراءات التدخل المناسبة لحلها. (القمش والمعايطة، ٢٠٠٧)

مراحل التشخيص:

١- التشخيص الطبي:

يجب أن يشمل البرنامج العام فحوصا طبية دورية للتأكد أن كل طفل لائق بدنيا، وكذلك لتحديد الأطفال الذين يعانون عجزا بدنيا يتطلب رعاية خاصة.

٢- التشخيص النفسي:

يعتبر التشخيص النفسي أمرا ضروريا وحيويا في أي برنامج للتوجيه خاصة لذوي الحاجات الخاصة فجميع الأطفال والشباب من المعاقين والمضطربين يجب أن يفر لهم برنامج تعليمي أساس إكلينيكي ويقوم على فهم دقيق لخصائص الفرد العقلية والانفعالية، فالتشخيص الدقيق لشخصية الفرد ومشكلاته

والبيانات التي يحصل عليها المدرسون والمرشدون ومن يعمل مع التلاميذ سوف تمكنهم من توفر الخبرات والإرشاد النفسي الذي يسهم في التحقيق من حدة المشكلات كما يزيد من فهم الموجه نحو نوع المشكلات التي يعاني منها فئة معينة من الأفراد.

٣- التقويم الاجتماعي:

توفير دراسة وتاريخ حالة الفرد وأسرته اجتماعيا البيانات الضرورية لتحديد كيفية فهمه لبيئتة ومركزه فيها ودرجة فاعليته في توافقة بالنسبة لبيئته، وما يسهم به غيره من الأشخاص الموجودين معه في البيئة نحو توافقه الكلي.بحيث نجد أن تقويم سلوكه ومستوى تنشئته الاجتماعية بالمنزل والمدرسة يعتبر ذاتية في فهم سلوك الفرد ومختلف المجالات التي يمكن أن تقدم له فيها الخبرات الإضافية التي تسهم انفعاليا بطريقة صحيحة وما يتبع ذاك من توافق اجتماعي.

٤- التقويم التعليمي والتشخيصي:

غالبا ما يتم التقويم التعليمي بقياس مستوى الفرد التحصيلي وذلك بواسطة اختبارات التحصيل المقننة ويتطلب إرشاد الطفل داخل نطاق المدرسة تقويما تعليميا تاما ودقيقا حتى يمكن استخدامه إلى جانب البيانات التشخيصية الأخرى وبهذا نستطيع وضع الخطط وصياغة التوصيات التي تتفق وقدرة الفرد ومستواه التحصيلي فالاختبارات التحصيلية المقننة يمكن تطبيقها وتصحيحها وتفسير نتائجها بدقة إذا قام بذلك المدرس أو المرشد النفسي بحيث تقيس هذه الاختبارات التحصيلية المستوى التحصيلي الراهن للفرد ولقياس قدرات النمو الذي حققه خلال فترة زمنية محددة ولتعيين المشكلات الخاصة التي يواجهها في اكتساب بعض المهارات الأكاديمية المعينة. (الغرير، ٢٠٠٨)

تشخيص المشكلات السلوكية

تتضمن عملية تقييم المشكلات السلوكية مسح مجموعة كبيرة من الأطفال من أجل تحديد عدد الأطفال الذين هم بحاجة إلى خدمات إضافية أو متخصصة. وفي حالة الأطفال في سن المدرسة فإن المعلم هو المعنى بعملية الكشف. ويشير مصطلح الكشف إلى قياس سريع وصادق للأنشطة التي تطبق بشكل منظم على مجموعة من الأطفال بغية التعرف على الأطفال الذين يعانون من صعوبات من أجل إحالتهم لعملية الفحص والتقييم.

ومما تجدر الإشارة إليه هنا أن برامج رياض الأطفال وبرامج المدارس تعتبر من أنواع الكشف المعروفة، حيث يدخل جميع الأطفال الذين سيلتحقون بالمدارس العادية هذه البرامج، ويتم التعرف عليهم من النواحي الجسمية والمعرفية والإدراكية والانفعالية. وحتى تتم عملية الكشف بفاعلية، يجب أن يتعاون الآباء والمعلمين في ملاحظة سلوك الطفل في كل من المدرسة والبيت.

وسائل الكشف عن المشكلات السلوكية

هناك العديد من الوسائل التي يمكن استخدامها للكشف عن المشكلات السلوكية، نذكر منها الأتي:

(أ) تقديرات المعلمين:

يعد المعلم أكثر الأشخاص أهمية في عملية الكشف عن الأطفال المضطربين سلوكيا في سن المدرسة. إلا أن الدراسات أشارت أيضا إلى أن المعلمين كمجموعة يمكن أن يكونوا منحازين. وهذا يتضح عند مقارنة الإحالات التي يقوم بها المعلمون حيث يمكن أن تكون إما مبالغ فيها أو متحفظة إلى حد كبير. فمثلا يميل المعلم إلى عدم إحالة حالات الانسحاب الاجتماعي والخجل، لأن مثل هذه الحالات لا تسبب إزعاجا له ولا تؤثر بشكل سلبي على سير العملية

التعليمية، بينما يميل المعلم إلى إحالة حالات السلوك الاندفاعي والموجهة نحو الخارج كالإزعاج والفوضى واضطرابات التصرف والحركة الزائدة والعدوان، لأن ذلك يسبب إزعاجا للمعلم وتأثيرا مباشرا على سير العملية التربوية داخل الفصل. من هنا يجب أن نمد المعلم بقائمة محددة من المشكلات التي يجب أن يلاحظها في الفصل بشكل دقيق دون تركه يتوقع ما نريد.

(ب) تقديرات الوالدين:

حيث يطلب من أولياء الأمور كتابة ملاحظاتهم عن سلوك الطفل داخل البيت وفي المحيط الاجتماعي بحيث تتضمن هذه الملاحظات خصائصه السلوكية في تعامله معهم ومع إخوته ومع أقرانه وأقربائه، وسلوكه في المواقف الاجتماعية والأسرية المختلفة. كما يطلب منهم المقارنة بين النمط السلوكي الذي يتميز به هذا الطفل وما يتميز به إخوته وأقرانه من أنماط سلوكية. والمعلومات التي يمكن أن تجمع من الوالدين تكون إما من خلال المقابلات أو من خلال قوائم المراجعة والاستبيانات.

(ج) تقديرات الأخصائيين النفسيين:

الأخصائي النفسي هو الذي يقوم بفحص حالة الطفل وكتابة ملاحظات عنها؛ بالإضافة إلى إجراء الاختبارات اللازمة، وتستخدم هذه الملاحظات عادة في المساعدة على تفسير نتائج الاختبارات التي أجريت على الطفل، وكتابة تقرير عنها. حيث يشتمل هذا التقرير على مشاعر وأحاسيس الطفل أثناء أداء الاختبار؛ وكيفية إمساكه للقلم وعدد مرات توقفه أثناء أداء الاختبار واستخدام أصابعه في العد في المسائل الحسابية؛ واستخدامه للكلمات المناسبة للتعبير عن أفكاره وخواطره، ومدى التململ والثرثرة والنظر حوله أثناء أداء الاختبار.

(د) تقديرات الأقران أو الزملاء:

أشارت الدراسات الحديثة أن تقديرات الأقران تعتبر أحد الأساليب والوسائل المستخدمة للكشف عن المشكلات الاجتماعية والانفعالية.

كما أن نتائج بعض الدراسات أشارت إلى أن الأطفال في المدرسة من كل الأعمار لديهم القدرة على التعرف على المشكلات السلوكية، وخصوصا الأطفال الأكبر سنا حيث يستطيعون ملاحظة دلالات أو إشارات السلوك غير العادي.

(هـ) التقارير الذاتية:

تعتبر التقارير الذاتية أو تقديرات الذات مصدرا آخر للحكم على توافق الطفل، فمن خلال تقدير الطفل لذاته يمكن أن يساعد ذلك في التعرف على المشكلات التي يعاني منها. وقد أشارت الدراسات إلى أن تقديرات المعلمين للأطفال المضطربين سلوكيا أفضل عندما يكون السلوك المضطرب موجها نحو الخارج كالعدوان والتخريب والنشاط الزائدة، ولكن التقدير الذاتي يكون أفضل في حالة الاضطراب الموجه نحو الداخل الذي يتطلب وصف الذات من خلال المشاعر والاتجاهات والأمور الداخلية. وهذه التقديرات مفيدة للأطفال غير المقتنعين بأنفسهم أو الدفاعيين. (كوافحة وعبد العزيز، ٢٠٠٣، القريوتي وآخرون، ٢٠٠١؛ سليمان وعبد الحميد والببلاوي، ٢٠٠٧)

الفصل السادس

الإرشاد والعلاج السلوكي

الإرشاد السلوكي

خصائص الإرشاد السلوكي

خطوات العلاج السلوك

دور المرشد في الإرشاد السلوكي

العلاج السلوكي

مفهوم العلاج السلوكي وملامحه الأساسية

علاج المشكلات السلوكية

الإرشاد السلوكي Behavioral Counseling

يستخدم الإرشاد السلوكي أساسا في مجال الإرشاد العلاجي، حيث تعتبر عملية الإرشاد عملية إعادة تعلم. ويعتبر الإرشاد السلوكي تطبيقا عمليا لقواعد ومبادئ وقوانين التعلم والنظرية السلوكية وعلم النفس التجريبي.

ويطلق على الإرشاد السلوكي أحيانا "إرشاد التعلم" فالافتراض الأساسي هنا هو إن الفرد يولد وهو صفحة بيضاء وفي مراحل نموه اللاحقة يتعلم السلوك (السوي أو المرضي) وهذا يجعل الاستجابة غير المتوافقة (المرضية) تستمر، بصرف النظر عن الآثار المؤلمة البعيدة المدى لمثل هذا السلوك المرضي بسبب العقوبات التي قد تقع عليه. وهذا ما يفسر سعي المرشدين والمعالجين السلوكيين لإزالة مصدر الإثابة (التعزيز) الذي يمكن أن ينتج عنه السلوك المضطرب لدى الفرد أثناء التعلم كنقيض لمحاولتهم اطفاء السلوك غير المرغوب فيه من وجهة نظر الإرشاد والعلاج السلوكي (زهران،٢٠٠٢).

خصائص الإرشاد السلوكي:

وبالتصرف يشير زهران (٢٠٠٢) بأن أهم خصائص الإطار النظري للإرشاد السلوكي تتلخص فيما يلي:

ا. معظم سلوك الإنسان متعلم ومكتسب، سواء السلوك السوي أو المضطرب.

ب. السلوك المضطرب المتعلم لا يختلف من حيث المبادئ عن السلوك العادي المتعلم أيضا، إلا أن السلوك المضطرب غير متوافق أو متصالح مع المكان والبيئة التي يعيش فيها الفرد المضطرب.

ج. السلوك المضطرب يتعلمه الفرد نتيجة تعرضه المتكرر للخبرات غير السوية اجتماعيا التي تؤدي إليه، مما يؤكد التشخيص السلوكي القائل بحدوث ارتباط شرطي بين تلك الخبرات غير السوية وبين السلوك المضطرب لاحقا.

د. جملة الأعراض النفسية والاجتماعية للسلوك غير السوي تعتبر إفرازا لعادات سلوكية خاطئة ومتعلمة.

هـ السلوك المتعلم يمكن تعديله بوساطة برامج انفرادية أي كل حالة على حدا.

و يولد الفرد ولديه دوافع فسيولوجية أولية، وعن طريق التعلم يكتسب دوافع جديدة اجتماعية ثانوية تمثل أهم حاجاته النفسية، وقد يكون تعلمها غير السوي يرتبط بأساليب غير توافقية تم تعلمها ووصولا لإشباعها، وبالتالي يحتاج إلى تعلم جديد أكثر توافقا أو برنامجا خاصا به لتعديل سلوكياته باتجاه التوافق أو القبول النفس اجتماعي وفقا لخصوصية المكان الذي يجري فيه هذا السلوك لأنه المحدد للسلوك المرضي عنه من عكسه.

العلاج السلوكي Behavior therapy

خطوات العلاج السلوك

ست خطوات ينبغي القيام لتعديل السلوك بطريقة التدعيم وهي:

١- تحديد السلوك المحوري: Target behavior

وهو السلوك المراد علاجه وتعديله، وقد يكون هو الشكوى المباشرة أو السلوك

الذي يتفق المعالج مع المريض أو الأسرة على أن التعديل فيه سيؤدي إلى تغييرات رئيسة في السلوك لدى صاحبه، ومن المطلوب تحديد السلوك المحوري تحديدا نوعيا، فاستخدام عبارات مثل مكتئب أو مندفع أو ضعيف الشخصية لا تكون مقبولة، لأن المطلوب وضع جوانب الشكوى في مظاهر سلوكية يمكن ملاحظتها ومتابعتها وقياسها معياريا و بالتالي تقويم جوانب التقدم في علاجها لاحقا، وبدلا من وصف طفل ما بضعف الشخصية يمكن أن يقال: إنه يعجز عن الاحتكاك البصري أو أنه لا يعبر عن غضبه عندما تنتهك حقوقه.

٢- وضع طريقه لقياس تواتر السلوك ومقدار شيوعه:

يتطلب ذلك جمع ملحوظات أو بيانات أو عدد المرات التي يظهر فيها السلوك غير المرغوب فيه ويمكن لهذا الغرض أن تستخدم الملاحظة والاستمارات المعدة خصيصا لذلك حتى يتوصل لما يسمى(بحد الانتشار) أي أقصى قدر يظهر به السلوك غير المرغوب فيه، وتساعد هذه البيانات المعدة قبلا على تحقيق شيئين رئيسين، هما:

- تبين كميا مقدار شيوع هذا السلوك بما في ذلك الأوقات أو الظروف المصاحبة التي ترتبط بحدوثه زيادة أو نقصا.

- تعطي فرصة لمتابعة تطورات علاج هذا السلوك معياريا وبذلك يمكن تقويم الخطط العلاجية المستخدمة بكل دقة.

٣- السوابق واللواحق:

تحتاج هذه الخطوة إلى التحديد الدقيق والظروف المحيطة بالطفل عند ظهور السلوك غير المرغوب فيه. مثل أن يتهجم الطفل على أمه في الأوقات التي تكون فيها مشغولة بنظافة أو إطعام أو مداعبة أخته الصغرى، كما تتطلب هذه الخطوة من خلال دراسة الحالة ولقاء الأب استكشاف بداية ظهور السلوك الخاطئ في

التكوين. فمثلا بدأ الطفل بالبصق على الآخرين منذ سنة عندما لاحظ أن والده قد فعل ذلك مرة مع أحد أخوته، أو عندما ضحك الأب في السابق عندما رأى أخاه الأصغر يبصق على أمه خبرات سابقة وقدوة). كذلك يجب أن تحدد الاستجابات البيئية إثر ظهور السلوك غير المرغوب فيه. فمثلا قام الأب بضربه أو شتمه عندما رآه يبصق على أخيه.

٤- برنامج العلاج والخطة العلاجية:

بعد أن قدمت الخطوة السابقة صورة واضحة عن أنواع السلوك المرضي المحوري المراد علاجها، وتوفرت لدينا بيانات عن شيوع السلوك غير المرغوب فيه والمكاسب التي يجنيها منه الطفل، وأخرى عن التدعيمات السابقة واللاحقة التي تسهم في تقوية هذا السلوك فإنه يمكن تصميم خطة علاجية لتعديل سلوك ما غير مرغوب فيه متضمنة الآتي:

أ- تحديد الأهداف النوعية: يفضل أن تكون تلك الأهداف التي يتطلع المعالج السلوكي لإنجازها محددة بشكل إيجابي، فبدلا من أن يكون الهدف أن يتوقف الطفل عن المجادلة مثلا، يصاغ الهدف كالتالي: أن تتزايد نسبة الإصغاء لدى الطفل، أو أن تتزايد نسبة إلقاء الأسئلة لديه، أو أن تتزايد نسب حدوث السلوك الدال على التعاون من قبله، ويوضع في الخطة العلاجية الوسط الذي سيحدث خلاله السلوك الإيجابي(الأسرة، المدرسة..الخ فضلا عن تحديد محكات أداء هذا السلوك الإيجابي إما في شكل تحديد مقدار الزمن الذي يقضيه الطفل في أشياء مرتبطة بهذا السلوك، أو بإحصاء عدد النشاطات السلوكية المتنوعة التي يمكن تفسيرها بشكل إيجابي في فترة زمنية محددة.

ب - إشراك الوالدين (أو المعلمين الآخرين وحتى النظراء أحيانا) والطفل في وضع البرنامج العلاجي: فمن خلال التعاون معهم يمكن أن تحدد

المدعمات الإيجابية والسلبية التي ستعوق ظهور السلوك المرغوب فيه أو تيسر ظهوره.

ج - الاستعانة بقائمة التدعيمات اللفظية أو المصورة: ولا بد أن يكون اختيار هذه المدعمات ملائمة لعمر الطفل ومتنوعة وأن تقدم حسب خطة التدعيم، وأن تكون لاحقة أو مرافقة لأي تغيرات مرتبطة بظهور السلوك الإيجابي.

د- توجيه الوالدين أو المعلمين و الآخرين: إلى ضرورة الإكثار من التدعيم عند ظهور الجوانب المرغوبة في سلوك الطفل المعالج وبصورة دائمة أي غير متأثرة بأمزجة المعالجين أو المراقبين وصولا إلى ثبات السلوك ودوام تبنيه من قبل المعالج.

هـ- تضمن الخطة العلاجية كل الأساليب الفنية والبصرية كونها الأقوى تأثيرا وإغواء للتجريب لدى المعالج والتي ستدعم وبقوة ظهور وتمثل السلوك المرغوب فيه، وإيقاف أو تقليل السلوك غير المرغوب فيه. فمثلا أستخدم طريقة الإبعاد المؤقت لمدة خمس دقائق إذا ما بدأ الطفل في نوبات الغضب أو الاعتداء.

و- اشتمال الخطة على التوزيع الزمني لتقويم برنامج العلاج: وهنا ينبغي التنسيق مع الأب أو المعلمين و الآخرين المشاركين وتشجيعهم على التنسيق مع الطفل.

٥- بناء التوقعات العلاجية: وتتضمن هذه الخطوة عدة أطروحات هي:

أ- تشجيع الاتجاه الإيجابي لدى الطفل والأسرة: بأن السلوك الإيجابي والتغيير سيحدثان حتما، وتشجيع الأسرة على خلق ظروف تساعد على ظهور الأنواع المرغوب فيها للسلوك الإيجابي أكثر من التركيز على مراقبة السلوك غير المرغوب فيه وعقاب الطفل على ذلك. فمثلا أن

تكون هناك جلسات أسبوعية يحجم فيها الأبوان أو المعلمون عن التأنيب أو النقد ويتبادلان الحوار مع أطفالهم وطلابهم خلالها عن الأشياء الإيجابية التي يتمتع بها الطفل وأفراد الأسرة الداخلين معه في عملية التفاعل الاجتماعي،على أن يتخلل هذه الجلسات بعض النكات المرحة (التعليم بالترفيه) والقرب البدني والربت بصورة حميمة.

ب- تقسيم السلوك المستهدف إلى أقسام أو خطوات فرعية مع تشجيع كل خطوة عند ظهورها، فمثلا عندما لا يظهر لدى الطفل ما يدل على سلوك سلبي خلال مدة زمنية محددة يثاب على ذلك بتبادل الأحاديث الودية معه، وتزاد الفترة تدريجيا، وتكليف الطفل بأداء واجبات أو نشاطات صغيرة أو بسيطة ينتهي أداؤها دائما بالنجاح وإثابته على ذلك ليحس بطعم النجاح في العمل.

ج - مساعدة الطفل على ابتكار أو ممارسة نماذج سلوكية معارضة للسلوك المرضي: بحيث لا يمكن أداؤه مع السلوك المعارض ويستحيل حدوثه منطقيا وفعليا للتناقض أو التعارض بينهما، فمثلا لتجنب نتف شعر الرأس أو الحاجب سيطلب من الطفل تبليل يديه أو ضمهما معا أو استخدامهما في أداء نشاط أطول مدة ممكنة.

د- الاحتفاظ بسجل يومي للتقدم أو تعديل السلوك:

هـ- الإدماج بقدر الإمكان: وذلك بإدماج الآباء والأخوة والأصدقاء والزملاء والمعلمين للطفل ما أمكن في خطة العلاج وإطلاعهم عليها.

٦- تعميم السلوك:

بعد أن تعلم الطفل كثيرا من الجوانب الإيجابية للسلوك المرغوب فيه يبقى تعميم هذا السلوك على بيئة الطفل أو المواقف الحية، إذ ينبغي تشجيع الطفل

على تعميم خبراته الإيجابية التي تعلمها تحت إشراف مهني إلى مواقف جديدة، ويتطلب ذلك إثارة دوافع الطفل وتحفيزه بكل الوسائل الممكنة على محادثات إيجابية كالاحتكاك البصري، التعبير عن الانفعالات بحرية ... إلخ. كما يمكن تشجيعه على استباق الاستجابات الملائمة للمواقف الخارجية من خلال لعب الأدوار، أو استباق التعبيرات الإيجابية فمثلا يمكن مخاطبته بالقول: لقد أصبح الآن بإمكانك أن تشارك زملاءك برحلة دون خوف من أن تفقد أعصابك.(عبد الستار، ١٩٩٤)

دور المرشد في الإرشاد السلوكي

يتمثل دور المرشد في الإرشاد السلوكي بما يلي:

١. تفهم المسترشد وتقبله وبناء علاقة ايجابية معه.

٢. تعزيز بعض السلوكيات لدى المسترشد مما يؤدي إلى تخفيض حدة الشعور بالضيق لديه.

٣. تشخيص الحالة، ونوع المشكلة، وتحديد الأساليب المناسبة للتعامل مع المشكلة القائمة.

٤. التعامل مع السلوك على أنه مكتسب لا أن يراه سوي أو شاذ.

٥. تحديد السلوك المراد التخلص منه وتحديد السلوك البديل.

٦. تعليم المسترشد كيف يعيش حياته بشكل فاعل بعد تخلصه من اضطرابه، بالإضافة إلى استخدام الأساليب الفنية في الإرشاد السلوكي والمتمثلة بالتعزيز، والعلاج بالتنفير، والنمذجة، وضبط المثير وغير ذلك من هذه الأساليب التي تساعد على تعديل السلوك.(الطراونة، ٢٠٠٧)

العلاج السلوكي:Behavior therapy

مفهوم العلاج السلوكي وملامحه الأساسية:

هو علاج نفساني يرتكز على الاستجابات المشروطة وغيرها من مفاهيم المذهب السلوكي في علم النفس. ويتجه هذا العلاج في المقام الأول نحو تغيير العادات واستبدالها في سلوك المرء وتصرفاته. وفي تعريف آخر يتم علاج المشكلات السلوكية والانفعالية استنادا إلى مبادئ نظرية التعلم أو الأشراط لتعديل ما يعاني منه الفرد من مشكلات سلوكية تستلزم العلاج. وفي تعريف (الشخص، ١٩٩٢) أن العلاج السلوكي هو أسلوب لعلاج المشكلات السلوكية والانفعالية استنادا إلى مبادئ نظرية التعلم أو الاشراط: حيث ينصب الهدف الأساسي على تعديل ما يعاني منه الفرد من مشكلات سلوكية تستلزم العلاج. وتعتمد هذه النظرية على مبدأ أساسي مؤداه أن السلوكيات غير المرغوبة تعتبر عادات سيئة ، وإذا تم تغييرها فانه يمكن التخلص من المشكلات السلوكية التي يعنى منها الفرد لأنه يكون قد تعلم الكف عن ممارسة هذه السلوكيات أو يكون قد تعلم سلوكيات أخرى مرغوبة بدلا منها.

علاج المشكلات السلوكية

١. العلاج النفسي الفردي Individual psychotherapy

ا – التركيز على الأسس النفسية الداخلية للسلوك المضاد للمجتمع وخاصة الصراعات والعمليات النفسية التي تتأثر سلبا خلال مضمار النمو.

ب – العمليات الأساسية التي تمثل العلاقة مع المعالج التي يتم التغير من خلالها. حيث يوفر العلاج خبرة انفعالية تصحيحه أو تعديليه من خلال الاستبصار واكتشاف أساليب جديدة للسلوك.

٢. العلاج النفسي الجمعي Group psychotherapy

ا – التركيز: حيث يتناول هذا الأسلوب العلاجي عمليات العلاج الفردي، ويتم التركيز خلاله على عمليات إضافية إلى جانب التغذية الرجعية والمكاسب البديلة التي يحققها الأقران، ويركز أيضا على العمليات الجماعية كالتماسك والقيادة على سبيل المثال.

ب – تمثل العلاقة بين المعالج والأقران كجزء من الجماعة إحدى هذه العمليات، وتزود العمليات الجماعية الأطفال بخبرات ومشاعر الآخرين التي تعد أساسية في هذا الجانب، وتوفر الفرص اللازمة لاختبار وجهات نظرهم وأنماطهم السلوكية.

٣. العلاج السلوكي: Behavior therapy

يتم التدريب خلال هذا الأسلوب العلاجي على مواجهة السلوكيات المشكلة التي تعرض على أنها أعراض مستهدفة، أو التدرب على السلوكيات التي تستهدف مخالفة تلك الأعراض. ويهدف هذا الأسلوب العلاجي إلى تعلم سلوكيات جديدة من خلال التدريب المباشر وذلك عن طريق النمذجة، والتعزيز، والممارسة، ولعب الدور.

٤. العلاج المعرفي: Cognitive therapy

يركز هذا الأسلوب العلاجي على العمليات المعرفية المختلفة اللازمة لحل المشكلات الشخصية التي تركز على السلوك الاجتماعي، ويهدف هذا النمط أيضا على استخدام النمذجة والممارسة والإعادة والتجربة ولعب الدور وذلك بغرض تنمية المهارات، وتنمية الحوار لتحديد الحلول الاجتماعية للمشكلات المختلفة التي قد يتعرض لها الفرد. (كازدين، ٢٠٠٠)

الفصل السابع

التعزيز

تعريف التعزيز

أنواع التعزيز

العوامل التي تؤثر في فعالية التعزيز

التعزيز (Reinforcement)

تعريفه:

هو عملية تقديم مثير مرغوب فيه أو إزالة مثير غير مرغوب فيه بعد القيام بالسلوك المرغوب فيه مباشرة مما يزيد من احتمال تكرار سلوك مرغوب فيه.(أبو حماد، ٢٠٠٨)

أنواع التعزيز

أ . المعززات الإيجابية و المعززات السلبية:

إن المعزز الإيجابي (Positive Rein forcemeat) وهو إضافة مثير محبب بعد السلوك مباشرة مما يؤدي إلى زيادة احتمال حدوث ذلك السلوك في المستقبل وفي المواقف المماثلة. (يحيى، ٢٠٠٠).

أما التعزيز السلبي (Negative Reinforcement) يشير هذا المفهوم إلى وجود مثيرات مؤلمة يمكن إزالتها أو التخلص منها بعد حدوث استجابات محددة من قبل الفرد، ومن أشكال التعزيز السلبي: السلوك الهروبي، والسلوك التجنبي، والمثير المؤلم. (يحيى، ٢٠٠٣)، و يعتقد معدلو السلوك أن من المؤسف أن تتأثر المظاهر السلوكية الاجتماعية بالتعزيز السلبي، و من الأفضل أن تخضع للتعزيز الإيجابي أكثر فأكثر بدلا من المثيرات المنفرة أو محاولة تجنبها، إذ يجب أن ينصب الاهتمام على التعزيز الإيجابي ذلك لأن نتائجه يمكن التنبؤ بها بدقة أكثر مقارنة بالتعزيز السلبي، وإن السلوك غير المرغوب فيه يتوطد بفعل التعزيز

السلبي، و من ناحية أخرى استخدام المعززات الإيجابية يؤدي إلى النتائج المنشودة، و لذلك فإن الأنماط السلوكية البديلة غير المرغوب فيها تقل احتمالات ظهورها و بالتالي تعزيزها.

ب. المعززات غير الشرطية و المعززات الشرطية:

صنفت المعززات بناء على آلية اكتسابها للميزات التعزيزية إلى معززات غير شرطية ومعززات شرطية، أما بالنسبة للمعززات غير الشرطية (unconditioned reinforces) فهي مثيرات تقود بطبيعتها إلى تدعيم السلوك دون الحاجة إلى خبرات تعلميه سابقة، و هي تلبي الحاجات البيولوجية الأساسية، و لهذا فهي تعرف أيضا بالمعززات الأولية، و منها ما هو إيجابي (ظهورها يقوي السلوك)، مثل: الدفء و الطعام و الشراب، و منها ما هو سلبي (اختفاؤها يقوي السلوك)، مثل: البرد و الحر الشديد و الصفعات القوية، و بشكل عام المعززات غير الشرطية قليلة، و إمكانية تعديل السلوك الإنساني بالاعتماد عليها فقط، إمكانية محدودة لذلك لا بد من اللجوء إلى النوع الثاني و هو التعزيز الشرطي.

المعزز الشرطي (Conditioned reiforcer) هو مثير يكتسب الصفة التعزيزية من خلال الاقتران بالمعززات الأولية، و هو مثير حيادي يصبح بفعل الخبرات التعليمية قادرا على تدعيم السلوك، و لذلك يسمى هذا النوع من بالمعززات الثانوية (secondary reinforcers)

إن المعززات الشرطية على المستوى الإنساني عديدة جدا و لعل أكثرها وضوحا النقود و هي تقترن بحاجات عديدة (معززات أولية) و لذا فهي تعمل بمثابة معززات في مواقف مختلفة فالتعاطف، و الموافقة، و الانتباه جميعا ذات أثر بالغ على سلوكنا بفعل اقترانها بالمعززات الأولية، فبعد الولادة ترتبط هذه المظاهر السلوكية اللفظية و الحركية التي تصدر عن الوالدين بتوفر الأساسيات، مثل الطعام و الشراب و الدفء و العناق ، و في المراحل المتقدمة من الحياة فإن مؤشرات

الموافقة و التعاطف و الانتباه تستمر بالاقتران بالمعززات الأولية، و تسمى المعززات الشرطية و بخاصة المعززات المعممة تصبح قادرة على التأثير في السلوك بشكل مستقل في العديد من المواقف، حتى عندما لا تكون المعززات الأولية بشكل فوري. (سعيد، ٢٠٠٥)

ج. المعززات الطبيعية و المعززات الاصطناعية:

يكون المعزز طبيعيا (natural reinforce) إذا كان يتبع السلوك بطريقة منطقية اعتيادية و يكون اصطناعيا (artificial reinforce) إذا لم يكن كذلك، إن ثناء المعلم على الطالب عندما يجيب إجابة صحيحة عن السؤال معزز طبيعي أما إعطاؤه رموزا (فيش أو كوبونات) ليستبدلها بمعززات أخرى في وقت لاحق فذلك تعزيز اصطناعي، نلاحظ أن التعزيز الطبيعي هو الأفضل و لكن هذا التعزيز وحده لا يكفي أحيانا، مما يضطر معدلي السلوك إلى استخدام معززات اصطناعية لفترات معينة.

د. المعززات الاجتماعية:

تمثل المعززات الاجتماعية الابتسامة، والانتباه، والثناء...، و لهذه المعززات حسنات كثيرة جدا منها أنها مثيرات طبيعية و يمكن تقديمها بعد السلوك مباشرة و نادرا ما يؤدي استخدامها إلى الإشباع، و لهذا تستخدم المعززات في برامج تعديل السلوك كلما كان ذلك ممكنا ، فالانتباه و الثناء هما معززان لهما تأثير على سلوك الإنسان، و هما مثيران طبيعيان من أكثر المعززات شيوعا في الحياة اليومية و بالتالي من أكثر المعززات قبولا، و يمكن التمييز بين أساليب التجاهل و الثناء إذا كان التركيز ينصب على زيادة السلوك المرغوب فيه أم خفض السلوك غير المرغوب فيه، فبعض البحوث صممت لزيادة سلوك ما من خلال تعزيز ذلك السلوك و تجاهل أو محو فئة من الاستجابات التي لا تتوافق معه.

هـ المعززات الرمزية (token reinforcers)

يستخدم مصطلح التعزيز الرمزي (Token Reinforcement) للإشارة إلى مجموعة من أساليب تعديل السلوك التي تشمل توظيف المعززات الرمزية لتحقيق الأهداف المنشودة، والمعززات الرمزية هي رموز تقليدية يمكن توفيرها مباشرة بعد حدوث السلوك مباشرة، ويتم استبدالها في وقت لاحق بمعززات مختلفة، ومن الرموز التقليدية المستخدمة في برامج تعديل السلوك: الطوابع، والنجوم، وقصاصات الورق، وغير ذلك من الرموز المختلفة (يوسف،١٩٩٣؛ المجالي،٢٠٠٥). وأشار (يحيى،٢٠٠٣) أن التعزيز الرمزي يقصد به تقديم معززات على شكل فيش مكونة من قطع بلاستيكية ذات ألوان وأشكال مختلفة، لعدم قيام الطفل بسلوكيات العدوان، ثم يستبدل هذه الرموز أو الفيش بمعززات داعمة محببة لإفراد الدراسة وفق فترات زمنية متقطعة.

ويعرف مبارك التعزيز الرمزي بأنه إجراء أداري محتمل يستخدم معززات مشروطة قد تكون على شكل نقاط أو معززات مادية يتم استبدالها بمعززات أولية داعمة (Back up reinforcers)، وتكون ذا قيمة أصلية قليلة قيمتها مربوطة بقيمها المستبدلة (مبارك، ١٩٩٦). في حين يعرف يوسف (١٩٩٣) المعززات الداعمة على أنها عبارة عن مجموعة من المعززات المادية غير التقليدية المحببة لدى طلبة أفراد الدراسة، بحيث يتم اختيارها وتحديدها بعد سؤال المعلمات والأهالي والطلبة أنفسهم حول المواد المحببة لهم من مواد غذائية، إكسسوارات، ألعاب، مواد قرطاسيه وهكذا.(يوسف،١٩٩٣؛ حواشين، ٢٠٠٤) وعلى الرغم من أن معدل السلوك يستطيع استخدام العديد من المعززات الرمزية إلا أنه يفضل استخدام الرموز (Tokens) التي تتصف بما يلي:

أ. يجب أن يكون الرمز مأمون الجانب فلا ينطوي إعطاءه للمتعالج وبخاصة الأطفال حرصا من أية مخاطر.

ب. يجب الامتناع عن استخدام الرموز التي تثير دهشة المتعالج بحيث تدفعه إلى النظر إليها باستمرار أو قراءة ما كتب عليها.

ج. يجب أن تكون الرموز غير ثمينة، بحيث يمكن الحصول عليها بسهولة نسبيا.

د. يجب استخدام الرموز التي لا تتلف بسهولة والتي يمكن الاحتفاظ بها لفترة زمنية طويلة نسبيا.

هـ يجب استخدام الرموز التي يمكن الوصول إليها بسهولة وسرعة من أجل تقديمها للفرد بعد حدوث السلوك.

و - يجب استخدام الرموز التي يمكن تخصيصها وتمييزها لكل طفل بألوان وأحجام مختلفة.

ز - يجب استخدام الرموز التي يسهل على المعلم تسجيل المعلومات المتعلقة بها. (العسرج، ٢٠٠٦؛ يوسف، ١٩٩٣).

وتكمن أهمية المعززات الرمزية بالقيمة التي ترتبط بها وبالمثيرات التعزيزية الأولية التي يمكن استبدالها بها، وبذلك تصبح المعززات الرمزية ذات تأثير معنوي ونفسي كبير يدفع الفرد إلى مزيد من العمل والنشاط سعيا للحصول على المثيرات الأولية التي ترتبط بها، ويمكن إجمال فوائد المعززات الرمزية بما يلي:

١. إمكانية تقديم المعززات الرمزية بعد حدوث السلوك مباشرة.

٢. إن المعززات الرمزية تشجع المعلم على الانتباه إلى استجابات محدده، وتوفر معززات متنوعة لإفراد الدراسة.

٣. يسهل الإبقاء على السلوك بمستويات عالية من الدافعية.(مبارك،١٩٩٦).

٤. تساعد المعززات الرمزية في إدارة الصف وضبطه من خلال خفض السلوكيات غير المرغوب فيها.

٥. إن المعززات الرمزية تشجع الطلاب على المشاركة الصفية.

٦. تساعد المعززات الرمزية على خفض اضطرابات السلوك وزيادة السلوكيات الاجتماعية المرغوبة.

٧. تحتوي المعززات الرمزية على قائمة من المكافآت المتنوعة والتي تمنع الضجر.

٨. يعمل البرنامج على تسيير الوقت بين السلوك المرغوب وتوزيع المعززات الداعمة. (يوسف، ١٩٩٣؛ المجالي، ٢٠٠٥)

بالرغم من مزايا وفوائد التعزيز الرمزي إلا أن هناك سلبيات للتعزيز الرمزي، نذكر منها:

١) قد يستمر الأفراد في العمل في البرنامج على الرغم من تحسن سلوكهم وذلك بغية الاستمرار في الحصول على المعززات.

٢) تتطلب جهدا خاصا وتكلفة عالية.

٣) إمكانية فقدانها أو سرقتها (أبو حميدان، ٢٠٠٣).

ويمكن من خلال برامج الإرشاد الأسري تبصير الوالدين بأبعاد مشكلة معينة يعاني الطفل منها، ثم تدريبهم على كيفية التعامل مع مثل هذه المشكلة في سبيل خفض حدتها أو التخلص منها إن أمكن حتى يستطيع الطفل أن يندمج مع أعضاء الأسرة وذلك بالشكل الذي قد يصبح بإمكانه فيما بعد أن يعممه على الأقران والآخرين خارج نطاق أسرته مما يساعده على التفاعل والتواصل معهم وهو الأمر الذي قد يؤدي في النهاية إلى الاندماج معهم. (محمد، ٢٠٠٣)

و. المعززات النشاطية (activity reinforcers)

تشتمل المعززات النشاطية على نشاطات مَعينة يحبها الفرد كالخروج من

البيت مع الأصدقاء أو الألعاب الرياضية المختلفة و الزيارات و الرحلات و الرسم و قراءة القصص...، إن استخدام هذا النوع من المعززات غالبا ما يستند إلى قانون (بريماك) و ينسب هذا الاسم إلى (ديفيد بريماك) الذي وصفه وينص على (أن السلوك ذو المعدل المرتفع يمكن استخدامه كمعزز لتقوية السلوك ذي المعدل المنخفض) و استنادا إلى هذا القانون فإن إمكانية تأدية الفرد للسلوك (أو للنشاط) الذي يقوم به بشكل متكرر يتوقف عن تأديته للسلوك الذي نادرا ما يقوم به.

ز. المعززات الغذائية (adible einforcersr)

تشتمل المعززات الغذائية كل أنواع الطعام و الشراب التي يفضلها الفرد، إلا أن استخدام المعززات الغذائية قد يترتب عليه مشكلات عديدة هناك من يعترضون على استخدام هذه المعززات قائلين: أنه ليس مقبولا أن يجعل معدل السلوك إمكانية حصول الفرد على ما يحبه من الطعام أو الشراب متوقفا على تأديته للسلوكيات المناسبة، ولا بد من التأكيد على أن معدل السلوك لا يستخدم هذا النوع من المعززات إلا إذا وجد أن المعززات الأخرى ليست ذات أثر كبير على السلوك المستهدف، وإذا كان الفرد لا يستجيب لها، فهو قد يضطر على الأقل في بداية البرامج إلى استخدامها ولكنه يعمل على إقران هذه المعززات بمعززات اجتماعية كالثناء و الابتسام و غيرها من أجل استبدالها بالمعززات الغذائية في أسرع وقت ممكن. و من المشكلات الرئيسية الأخرى المرتبطة بالمعززات الغذائية مشكلة الإشباع و التي تعرف إجرائيا بأنها فقدان المعزز لقيمته التعزيزية بسبب حصول الفرد على كمية كبيرة منه (الخطيب، ١٩٩٤).

ح. المعززات المادية (Tangible reinforcers)

و يتمثل هذا النوع من المعززات في الأشياء التي يرغب الفرد في الحصول عليها كالألعاب، أقلام التلوين، النجوم، الدراجة الهوائية، الأشرطة...، و قد

يعترض البعض على استخدام هذا النوع من المعززات، و لكن انتباه الراشدين قد لا يكفي أحيانا لتغيير سلوك الأطفال. والعديد من الدراسات اعتمد على التعزيز المادي و كانت هذه المعززات مكلفة نسبيا و قد يكون من الصعب تقديمها لفترة زمنية طويلة أو لمجموعة كبيرة من الأطفال، وإن ممارسة النشاطات الخاصة أو الحصول على وقت حر غالبا ما يستخدمان كنتائج سلوكية. (سعيد، ٢٠٠٥)

العوامل التي تؤثر في فعالية التعزيز:

هناك مجموعة من العوامل التي قد تؤثر في فعالية التعزيز منها:

١. فورية تقديم التعزيز: فكلما كان التعزيز فوريا بعد الاستجابة الصحيحة كلما كان فاعلا في التأثير، حيث أن تقديم المعزز بعد الاستجابة المطلوبة مباشرة له وقع قوي على النفس، مما يزيد من احتمالية تكرار الاستجابة المستهدفة.

٢. أن يكون التعزيز متوقفا على حدوث السلوك المرغوب فيه فقط، فحدوثه اعتمادا على مسببات أخرى سيقلل من كفاءته وفي تمكننا من التحكم بذلك السلوك.

٣. انتظام التعزيز: يتميز تعديل السلوك بالدقة والمنهجية بعيدا عن العشوائية والتجريب، فقبل البدء بالبرنامج العلاجي يحدد بانتظام كيفية التعزيز والطريقة المناسبة لواقع الحال، لأن استخدام التعزيز يشكل نمطا له فعاليته في تغيير السلوك.

٤. كمية التعزيز: فكلما ازدادت كمية التعزيز ازدادت فاعلية التعزيز.

٥. التنويع: إن استخدام معززات متنوعة أكثر فاعلية من استخدام معزز واحد لأن استخدام معزز واحد بشكل مستمر يدعو إلى الإشباع مما تقل فاعليته.

٦. درجة صعوبة السلوك: فكلما كان السلوك بحاجة إلى وقت ودقة أكبر للقيام به زادت الحاجة إلى كمية أكبر من التعزيز.

٧. التنويع في التعزيز: استخدام تعزيزات متنوعة أكثر فاعلية من استخدام معزز واحد.

٨. الجدة: ومعناها استخدام أشياء غير مألوفة قدر الإمكان.

٩. الجدية: هو أن تقوم بعملية التعزيز وإتباع الخطوات أعلاه بشكل جدي حتى تحقق النجاح المطلوب (الظاهر، ٢٠٠٤؛ أبو حميدان، ٢٠٠٣).

١٠. العقاب (Punishment):

هو الحدث التابع لسلوك غير المرغوب فيه، والذي يخفض من احتمالية حدوثه في المستقبل، حيث أن مثل تلك الأحداث تقلل السلوك بسبب ما تحمله من خبرات جسمية أو نفسية غير سارة. ويعرف سعيد (٢٠٠٥) العقاب على انه عبارة عن إجراء يشتمل على تقديم مثير منفر أو إزالة مثير تعزيزي بعد حدوث السلوك مباشرة،

وقد يكون العقاب على شكل عقاب بدني أو غير بدني، ويكون العقاب البدني من خلال الضرب والصفع والقرص ولي الذراع وحتى الوخز أحيانا تستخدم من قبل المعلمين في المدرسة لخفض السلوك غير المرغوب عند الطالب، أما العقاب غير البدني فيكون على شكل إعطاء الطالب واجبات إضافية، التأخير عن الفسحة، أو التأخر بعد انتهاء الدوام المدرسي (يحيى،٢٠٠٠؛ المجالي،٢٠٠٥).

مبادئ استخدام الثواب والعقاب

تتلخص المبادئ التي يعتمد عليها مدى نجاح الثواب و العقاب في تربية الطفل فيما يأتي:

١. الثواب يجب أن يؤدي إلى ارتياح، والعقاب يجب أن يؤدي إلى عدم

الارتياح للطفل، فالثواب هو ما يشبع حاجة أو يختزل حافزا في لحظة معينة و ما نعتبره مكافأة قد لا يكون كذلك من وجهة نظره، فالطعام ليس مكافأة للشخص الشبعان و بالمثل ما نعتبره عقابا قد لا يعده الطفل لونا من ألوان العقاب.

٢. كلما زاد مقدار الثواب و العقاب في تعلم الطفل إلا أننا يجب أن نلاحظ أنه حينما يكون مقدار الثواب والعقاب كبيرا جدا قلت كفاية العلم نسبيا .

٣.تحدث الآثار القصوى للثواب والعقاب عندما يتبعان لاستجابة مباشرة، فلا بد من الارتباط بين الثواب والعقاب و الاستجابة حتى ينتج الأثر، وكلما اقتربنا زمنيا من الاستجابة زاد احتمال الارتباط تبعا لنموذج الاقتران عند (جائري).

٤. عدم انتظام الثواب و العقاب و ذلك بتقديمهما على نحو متقطع أكثر فاعلية من انتظامها على نحو مستمر حيث يؤدي ذلك إلى استمرار حدوث السلوك (في حالة العقاب). و إذا كان علينا أن نفاضل بين الثواب و العقاب في تربية الطفل نستطيع القول أن الأسلوبين

لا غنى عنهما، ولا يجب أن يلجأ المربي منذ البداية إلى اتخاذ موقف متطرف إزاء هذه الثنائية، و مع ذلك نقول أن الأسلوبين ليسا متساوين في القوة أو متضاربين في الاتجاه. لذلك على المعلم أن يدرك تماما متى و كيف كلا الأسلوبين أثناء موقف التدريس بما يعمل على زيادة و فاعلية موقف التعلم و تحقيق الأهداف التعليمية و التربوية (سعيد، ٢٠٠٥)

الفصل الثامن

نماذج من المقاييس والاختبارات المستخدمة
في مجال المشكلات السلوكية

- المقاييس السلوكية

-. مقياس بيركس لتقدير السلوك: (الصورة المعربة)

_. مقياس بيرس هارس لمفهوم الذات

-. مقياس السلوك العدواني

_. مقياس النشاط الزائد عند الأطفال.

- المقاييس النفسية

_. اختبار تفهم الموضوع للأطفال:

Children s Apperception test (CAT)

_. اختبار بقع الحبر لـ رورشاخ:

- المقاييس الاجتماعية

_. اختبار الاتجاهات العائلية لـ "ليدبا جاكسون":

_. مقياس السلوك الاجتماعي المدرسي

نماذج من المقاييس والاختبارات المستخدمة في مجال الاضطرابات السلوكية

هناك العديد من المقاييس المستخدمة لقياس المشكلات (الاضطرابات السلوكية) نذكر منها الأتي:

١. المقاييس السلوكية

(ا) مقياس بيركس لتقدير السلوك: (الصورة المعربة)

تطوير الدكتور يوسف القريوتي و جلال محمد جرار

صمم " بيركس" هذا المقياس للكشف عن أنماط السلوك المضطرب لدى الأطفال الذين يتم إحالتهم إلى المرشدين النفسيين في المدارس أو العيادات النفسية بسبب إظهارهم لصعوبات سلوكية سواء كان ذلك في المدرسة أم في البيت.

* الفئة المستهدفة وخصائص عينة التقنين: يمكن استخدام هذا الاختبار على الأطفال

الذين في المرحلة الابتدائية والإعدادية العاديين وذوي الإعاقة العقلية البسيطة والشديدة والشديدة جدا. ولقد اشتملت عينة التقنين على ٥٢٥

مفحوصا، منهم (٤١٦) مفحوصا من العاديين موزعون على المستويات العمرية (٦،٧،٨،٩،١٠،١١) وما فوق) كما هو موضح كالتالي: الأعمار (٦، ٧، ٨، ٩، ١٠، ١١، ١١ وما فوق)، والتوزيع لفئة الذكور لكل عمر كالآتي (١١، ٢٥، ٢٤، ٣٠، ٢٠، ١٢، ١٦) بمجموع كلي لعينة الذكور ١٣٨، اما التوزيع لفئة الإناث لكل عمر فكان على النحو التالي: (١٦، ٥٤، ٥٣، ٥٢، ٥٦، ٢٩، ١٨) بمجموع كلي لعينة الإناث هو ٢٧٨، أي المجموع الكلي للعينة هو ٤١٦.

كما كان عدد المفحوصين المعوقين عقليا (١٠٩) منهم (٨١) معوقا إعاقة بسيطة و(٢٨) معوقا إعاقة شديدة وشديدة جدا موزعون على الفئات العمرية كما هو موضح على النحوالتالي:

من عمر (٥-٦) (٠ ذكور، ٢ إناث)، من عمر (٧-٨) (٢١ ذكر، ٩ إناث)، من عمر (٩-١٠) (٢٥ ذكر، ٩ إناث)، من عمر (١١ وما فوق) (٣٥ ذكر، ٨ إناث)، و لقد تم استخدام أسلوب العينة الطبقية العشوائية في اختيار الأفراد العاديين ممن توافرت فيهم شروط العينة من حيث العمر والجنس، أما بالنسبة للأفراد ذوي التخلف العقلي فقد اشتملت العينة على جميع المعوقين عقليا الموجودين في مراكز التربية الخاصة ممن تنطبق عليهم شروط العينة من حيث العمر والجنس الحالة العقلية.

* الأهداف وما يقيسه الاختبار: يمكن استخدام هذا المقياس لتحديد واحد أو أكثر من الأهداف التالية:

١ - تحديد أنماط السلوك المضطرب التي تميز بين فئات مختلفة من الأطفال ذوي السلوك المضطرب.

٢- التعرف إلى جوانب شخصية الطفل الذي يظهر أنماط من السلوك المضطرب التي تحتاج إلى تقويم أعمق وأشمل.

٣- المساعدة على تحديد المكان التربوي المناسب للأطفال الذين يحتاجون إلى خدمات التربية الخاصة.

٤- المساعدة على تخطيط البرامج التربوية المناسبة للأطفال ذوي المشكلات السلوكية.

٥- الكشف عن التغير في أنماط السلوك في فترات زمنية مختلفة.

٦- تزويد العاملين مع الأطفال ذوي السلوك المشكل بمعلومات وبيانات تساعدهم على تبادل الخبرة والاتصال مع الأهل.

٧- تقويم أثر وفعالية البرامج العلاجية.

٨- توفير أداة مناسبة يمكن استخدامها في البحوث والدراسات العلمية لمظاهر وخصائص السلوك المشكل.

* الاستخدامات: صمم هذا المقياس للكشف عن أنماط السلوك المضطرب لدى الأطفال الذين يتم تحويلهم إلى المرشدين النفسيين في المدارس أو العيادات النفسية بسبب إظهارهم لصعوبات سلوكية سواء كان ذلك في المدرسة أم في البيت،كما يستخدم هذا المقياس كأداة للتشخيص الفارقي يمكن استخدامها مع طلبة المرحلتين الابتدائية والإعدادية الذين يظهرون صعوبات سلوكية، والجدير بالذكر هنا أن هذا المقياس لا يعتبر أداة مناسبة لتحقيق أهداف المسح الأولي في مجتمع الطلبة ذوي الكفاية فيأدائهم المدرسي وتكيفهم المدرسي، وعموما يمكن اعتبار هذا المقياس أداة أولية للتعرف على المشكلات السلوكية الملائمة كما يراها المعلمون أو الوالدان أو أي ملاحظ أتيحت له الفرصة الكافية لملاحظة سلوك الطفل.

* أبعاد المقياس ووصف الفقرات: يتألف المقياس من ١١٠ فقرات موزعة على ١٩ مقياس فرعي، وتستخدم الفقرات في المقاييس الفرعية كمحكات

لتقدير ووصف أنماط السلوك التي لا تتكرر بشكل ملحوظ عند الأطفال العاديين والمقاييس الفرعية هي:

١- الإفراط في لوم النفس ٢- الإفراط في القلق

٣-الإنسحابية الزائدة ٤- الاعتمادية الزائدة

٥- ضعف قوة الأنا ٦- ضعف القوة الجسدية

٧- ضعف التآزر الحركي ٨- انخفاض القدرة العقلية

٩- الضعف الأكاديمي ١٠- ضعف الانتباه

١١-ضعف القدرة على ضبط النشاط ١٢- ضعف الاتصال بالواقع

١٣- ضعف الشعور بالهوية ١٤- الإفراط في المعاناة

١٥- الضعف في ضبط مشاعر الغضب ١٦- المبالغة في الشعور بالظلم

١٧- العدوانية الزائدة ١٨- العناد والمقاومة

١٩- ضعف الانصياع الاجتماعي.(كوافحة،٢٠٠٣)

* طريقة التطبيق والتصحيح :

أ- التطبيق: يتميز المقياس بسهولة تطبيقه، إذ لا يتطلب درجة عالية من التأهيل والتدريب، حيث يستطيع المعلم أو الاختصاصي النفسي والاجتماعي تطبيقه دون أي تدريب خاص، كما أن الفترة الزمنية التي يحتاجها تطبيق المقياس تعتبر قصيرة، إذ لا تتجاوز ٣٠ دقيقة في العادة.إن المقياس موجه نحو الآخرين وليس نحو المفحوص نفسه، حيث يتم جمع البيانات من أشخاص ذوي ألفة بالمفحوص كالوالدين أو المعلمين وذلك من خلال تقديراتهم لسلوك المفحوص.

ب-التصحيح: تعطى الدرجة على الفقرة وفقا لمقياس متدرج يتكون من ٥ نقاط، وتستخرج الدرجة عل كل مقياس فرعي بجمع الدرجات على الفقرات التي تقع فيه، ومن الجدير بالذكر أن الفقرات في المقياس الفرعي الواحد لا تتجمع بشكل متسلسل بل جرى توزيعها لتجنب الاستجابة النمطية من قبل المقدرين.(أبو أسعد، ٢٠٠٩)

(ب) مقياس بيرس-هارس لمفهوم الذات (البطوش،٢٠٠٧)١

أعده وطوره للبيئة الأردنية أسعد فرحان الداوود (١٩٨٢)،حيث يصف هذا المقياس عددا من الجمل التي يستعملها الناس في وصف أنفسهم . والمطلوب (منك/منك) قراءة كل فقرة من فقرات المقياس ووضع إشارة (×) في العمود المقابل لها.

مقياس بيرس-هارس لمفهوم الذات إعداد أسعد فرحان الداوود(١٩٨٢)

لا	نعم	الفقرات	الرقم
		يبخر زملائي مني	1-
		إنني إنسان سعيد	2-
		يصعب علي تكوين أصدقاء	3-
		إنني غالباً حزين	4-
		إنني إنسان ذكي	5-
		إنني خجول	6-
		أرتبك عندما يسألني المدرس في القاعة	7-
		شكلي يسبب لي الإزعاج	8-
		سأكون إنساناً مهماً عندما أكبر	9-
		أشعر بالقلق عندما يكون لدي امتحانات	10-
		لست إنسانا معروفا كثيراً بين الناس	11-
		سلوكي في الجامعة جيد	12-
		إنني السبب في الأخطاء التي تقع في أعمالي	13-
		أسبب المتاعب لعائلتي	14-
		إنني شخص قوي	15-
		لدي أفكار جيدة	16-
		إنني عضو هام في عائلتي	17-
		أفضل طريقتي الخاصة في أي عمل أقوم به	18-
		أتقن عمل الأشياء التي أصنعها بيدي	19-

20-	أستسلم وأضعف عند متابعتي الأمور			
21-	أعمل واجباتي المنزلية بشكل جيد			
22-	أعمل أشياء سيئة كثيرة			
23-	أستطيع أن أرسم بطريقة جيدة			
24-	أجيد العزف على بعض الآلات الموسيقية			
25-	أتصرف بطريقة غير مقبولة في البيت			
26-	إنني بطيء في إنهاء واجباتي التعليمية			
27-	إنني عضو هام بين زملائي			
28-	إنني عصبي			
29-	عيوني جميلة			
30-	أستطيع تقديم تقرير جيد أمام الطلاب			
31-	غالباً ما أسرح أو أحلم بأشياء خارج الجامعة			
32-	أوجه النقد لإخوتي وأخواتي			
33-	يظهر أصدقائي ميلا نحو أفكاري			
34-	غالباً ما أقع في مشكلة أو اضطراب			
35-	أطيع أوامر أهلي			
36-	إنني إنسان محظوظ			
37-	أنزعج كثيراً			
38-	يتوقع أهلي عمل أشياء كثيرة مني			
39-	أحب نفسي كما هي			
40-	أشعر بأنني مستثنى أو مستفيد من بعض المواقف			

41-	شعري جميل			
42-	غالباً ما أتطوع بأعمال داخل الجامعة			
43-	أتمنى لو كانت شخصيتي غير ما هي عليه			
44-	أنام جيداً في الليل			
45-	أكره الجامعة			
46-	إنني آخر من يقع عليه الاختيار في الألعاب			
47-	أمرض كثيراً			
48-	غالباً ما أكون قاسياً مع الناس			
49-	يعتقد زملائي في الجامعة أن لدي أفكاراً جيدة			
50-	إنني غير سعيد			
51-	أصدقائي كثيرون			
52-	إنني مرح وبشوش			
53-	إنني لا أعرف الكثير من الأشياء			
54-	مظهري جميل وأنيق			
55-	لدي الكثير من الطاقة والحركة			
56-	غالباً ما أقحم نفسي في المشاجرات والعراك مع الآخرين			
57-	أتمتع بشهرة وشعبية بين الذكور			
58-	ينتقدني الناس كثيراً			
59-	لقد خاب رجاء عائلتي بي			
60-	وجهي يبعث السرور لدى الآخرين			
61-	عندما أحاول أن أقوم بعمل ما ، أتعثر كثيراً ولا يحالفني الحظ			

			ينتقدني أفراد عائلتي في البيت	-62
			إنني القائد في الألعاب وأنواع الرياضة الأخرى	-63
			إنني غير رشيق في حركاتي	-64
			ينحصر دوري في الألعاب والرياضة بالمشاهدة وليس بالمشاركة	-65
			أنسى ما أتعلمه	-66
			يجد الناس سهولة في التعامل معي	-67
			أفقد أعصابي بسهولة	-68
			أتمتع بشهرة وشعبية بين الإناث	-69
			أقرأ و أطالع بعض الكتب غير المنهاج	-70
			أفضل العمل وحدي على العمل مع جماعة	-71
			أحب إخوتي وأخواتي	-72
			أتمتع بمنظر وشكل جيدين	-73
			غالباً ما أكون خائفاً	-74
			غالباً ما تسقط الأشياء مني وتنكسر	-75
			إنني مخلص في عملي وعلاقاتي وأستحق ثقة الناس على ذلك	-76
			إنني مختلف عن الناس الآخرين	-77
			تخطر على بالي أفكار سيئة	-78
			إنني أبكي بسهولة	-79
			إنني شخص جيد	-80

(٣) مقياس السلوك العدواني

لديك مجموعة من أشكال السلوك التي يمكنك القيام بها، أرجوا قراءة كل من هذه الفقرات بدقة وتحديد درجة انطباقها عليك في خمس مستويات وهي كما يلي:

الفــــقــــرة	كثيراً جداً	كثيراً	أحياناً	نادراً	إطلاقاً

وعليه أرجوا قراءة كل فقرة بعناية ثم وضع إشارة (X) أمام الفقرة التي تنطبق على درجة تكرار السلوك

الفقرة		كثيراً جداً	كثيراً	أحياناً	نادراً	إطلاقاً
لدي الـقــــدرة على مضايقة الآخرين						

ليس هناك إجابة صحيحة وأخرى خاطئة ولهذا أرجوا منك الإجابة على جميع الفقرات بكل حرية وصدق وعدم ترك أي فقرة بدون إجابة..

من فضلك أكمل البيانات التالية:

العمر أو تاريخ الميلاد/

المستوى التعليمي/

مقياس السلوك العدواني والعدائي للأحداث(أبو هاشم، ٢٠٠٧)

الرقم	الفقرة	كثيراً جداً	كثيراً	أحياناً	نادراً	اطلاقاً
-1	أستطيع ضبط اندفاعي لضرب شخص آخر .					
-2	إذا أثارني شخص ما أجد نفسي مدفوعاً لضربه .					
-3	أميل لمشاهدة المصارعة والملاكمة .					
-4	إذا استثارني شخص ما أحطم بعض الأشياء .					
-5	أستخدم العنف لحماية حقوقي .					
-6	أستطيع تهديد الأفراد المحيطين بي					
-7	أرد الإساءة البدنية بأقوى منها .					
-8	أندفع في مشاجرات ومضاربات بدون مبرر كافف .					
-9	أفكر في إيذاء شخص ما بدون مبرر كاف .					
-10	أضايق الحيوانات وأعذبها .					
-11	أشعر بالاندفاع نحو إتلاف ممتلكات الآخرين .					
-12	أشارك أصدقائي بالمشاجرات بدون معرفة السبب .					
-13	أستمتع أحياناً بتعذيب من أحب .					

14- إذا أساء لي البعض لا أرتاح حتى أرد عليه بقوة .
15- أسيء للمحيطين لي بألفاظ نابية عندما أختلف معهم .
16- أميل للمجادلة والنقاش .
17- عندما يضايقني أحد ما أخبره بما أعتقد أنه في شخصه .
18- إذا أهانني شخص ما إهانة لفظية أرد عليه بأكثر منها .
19- يطلق علي أصدقائي أنني مجادل .
20- في تعبيراتي اللفظية لا أراعي شعور المحيطين من حولي .
21- أستطيع إثارة من حولي لفظياً .
22- أميل للسخرية من آراء الآخرين .
23- عندما أختلف مع أصدقائي أخبر الجميع بأخطائهم .
24- إن مبدئي في الحياة رد الإهانة بالمثل .
25- أستطيع إثارة من حولي لفظياً بكل سهولة .
26- أذكر الأفراد بأخطائهم علنياً .

27- أسيء لفظياً للآخرين بدون سبب كاف .
28- أعطي الفرصة لغيري في الحديث والحوار .
29- أشعر أن الناس يدبرون لي المكائد من ورائي .
30- أشك في الصداقة الزائدة .
31- أميل إلى إيقاع الضرر بالمحيطين بي بحيث لا يشعر أحد .
32- من السهل علي خلق جو من التوتر والخوف بين أصدقائي .
33- أميل لعمل عكس ما يطلب مني .
34- أشعر بالسعادة عند مشاهدة المقاتلة بين الحيوانات .
35- أشعر بالسعادة إذا اختلف زملائي .
36- أوجه اللوم والنقد لذاتي على كل تصرفاتي .
37- أعتقد أن الأفراد يقيمون الصداقات للاستفادة منها .
38- أشعر برغبة في عمل عكس ما يطلب مني .
39- قد أكون أكثر إنجازا لو لم يكرهني أحد .

40- أشعر في كثير من الأوقات أنني ارتكبت خطأ ما .
41- أشعر أن الناس يغارون من أفكاري .
42- أوجه اللوم والنقد للآخرين على كل تصرفاتهم .
43- أشعر أنني شخص متقلب المزاج .
44- أشعر بصعوبة في ضبط مزاجي .
45- أغضب بسرعة إذا ضايقني أي فرد .
46- أتضايق من عادات المحيطين بي .
47- أشعر أن لدي حساسية شديدة للنقد .
48- أتخلص مما يؤلمني بسهولة .
49- أشعر في بعض الأحيان وكأنني على وشك الانفجار .
50- أستطيع تحمل هفوات الآخرين وأخطائهم .
51- ينتابني الضيق والضجر لأخطاء بسيطة من المحيطين به .
52- تغضبني عادات بعض أفراد أسرتي .
53- ينفد صبري بسهولة عند التعامل مع الآخرين .
54- أتحمل النقد من الآخرين .
55- أغضب بسرعة إذا لم يفهمني الآخرون .
56- أشعر بضيق وضجر في أوقات هدوئي وصفائي .

(٤). مقياس النشاط الزائد عند الأطفال. (المجالي، ٢٠٠٥)

مقياس النشاط الزائد.

يحتوي هذا المقياس على ٢٢ فقرة، تمثل كل واحدة منها مظهرا من مظاهر السلوك المرتبط بالنشاط الزائد، وقد تم تقدير أو تحديد درجة حدوث كل سلوك عن الطفل من أربع مستويات، هي (لا يحدث نهائيا، يحدث بعض الأحيان، يحدث كثيرا، يحدث دائما)، والتي تقابلها الدرجات (صفر، ١، ٢، ٣) على الترتيب.

وهكذا يتم تقدير موقع الطفل من السلوك على أساس التدريجات الأربعة التالية:

١. لا يحدث نهائيا   ٠

٢. يحدث بعض الأحيان   ١

٣. يحدث كثيرا   ٢

٤. يحدث دائما   ٣

ويقوم المدرس بوضع علامة (×) أمام العبارة تحت الدرجة التي يرى أنها تحدد درجة حدوث هذا السلوك عند الطفل وتنحصر هذه الدرجة ما بين (صفر- ٣) للحصول على الدرجة الكلية للطفل في المقياس يتم جمع الدرجات تحت كل تدريج لكل درجة المعطاة له ومن ثم تنحصر الدرجة الكلية التي يمكن أن يحصل عليها الطفل في المقياس ما بين (صفر، ٦٦) درجة. والطفل في الصف الأول يعد لديه نشاط زائد إذا حصل على درجة (٤٧ من ٦٦).

اسم الطفل:

الرقم	السلوك الملاحظ	درجات حدوثه			
		نهائياً	بعض الأحيان	كثيراً	دائماً
1-	كثير النشاط ولا يهدأ				
2-	تسهل استثارته				
3-	كثير الشغب				
4-	يقلق راحة زملائه				
5-	يتشتت انتباهه بسهولة				
6-	إذا أعطي سؤالاً يندفع إلى الإجابة دون تفكير				
7-	لا يستطيع إتمام واجباته المدرسية				
8-	لا يثبت في مكان واحد لمدة طويلة (10 دقائق مثلاً)				
9-	لا يلتزم بالتعليمات				
10-	متقلب المزاج				
11-	يرغب في أن تجاب طلباته في الحال				
12-	حاد المزاج وسريع الانفعال				
13-	لا يمكن التنبؤ بسلوكياته				
14-	يبكي لأبسط الأسباب				
15-	لا يستطيع متابعة شرح المدرس في الفصل				
16-	ضيق الصدر ولا يحتمل الآخرين				

				ينـدفع إلى السلوك دون حساب ما يترتب عليه من نتائج .	17-
				لا يستطيع أن يقضي وقتا طويلا (10 دقائق) في لعبة واحدة .	18-
				عندما يغضب لا يستطيع ضبط نفسه ويتفوه بألفاظ نابية .	19-
				يتحدث بصوت مرتفع فجأة دون مراعاة النظام .	20-
				يصعب عليه تكوين علاقات طيبة مع زملائه	21-
				يصعب عليه تكوين علاقات طيبة مع مدرسيه .	22-

٢. المقاييس النفسية

(ا) اختبار تفهم الموضوع للأطفال: Children's Apperception test (CAT)

هو اختبار إسقاطي وضعه ل. بيلاك، س. بيلاك، ويصلح للأطفال ما بين ثلاث سنوات وإحدى عشرة سنة، ويستند إلى نفس المبادئ التي يستند إليها اختبار تفهم الموضوع الذي وضعه موراي ومورجان. وله صورتان: إحداهما تشمل المواقف المصورة في بطاقاته على حيوانات، والأخرى على إنسان. وعلى الفاحص أن يؤكد للمفحوصين أنه ليست هناك إجابات صحيحة وأخرى خاطئة، وأن يكون للقصة بداية ووسط ونهاية. وتفسر القصص وتحلل بهدف التشخيص.ويطلب من المفحوص في هذا الاختبار أن يقص ما حدث قبل الموقف الذي تمثله الصور، وما الذي يحدث الأن في الصورة وما عسى أن تكون خاتمة القصة، وقد اختيرت الصور اختيارا يجعلها تمثل أفكار حول العداء والخوف والحظ والعلاقة بين الأب ووالديه وهكذا. (فرحة، ٢٠٠٠)

(ب) اختبار بقع الحبر لـ رورشاخ:

أعده الطبيب النفسي السويسري " هنري رورشاخ "، الذي يعد أول من أدرك بوضوح أهمية استخدام هذه الاستجابات في تقييم الشخصية. ومع ذلك فإن هذا الاختبار أدى إلى انقسام شديد في الآراء بين علماء النفس.

وعلى الرغم من أن "رورشاخ " كان متأثرا بنظرية فرويد وما تتضمنه من مفاهيم، مثل اللاشعور وديناميات الشخصية، إلا أنه لم يصمم الاختبار استنادا إلى هذه النظرية، غير أن طبيعة بناء الاختبار يبدو أنها قد تأثرت بها بلا شك.

وقد صمم "رورشاخ " المثيرات عن طريق وضع بقع الحبر على ورقة، وقام بطي الورقة بحيث ينتج عنها أشكال متماثلة ولكن غير محددة البنية، ثم قام بتطبيق هذه البقع (المثيرات) على مجموعات مختلفة من مرضى المستشفيات النفسية، واحتفظ بالبقع التي استدعت استجابات مختلفة من هذه المجموعات، واستبعد البقع الأخرى.

والطريف أن "رورشاخ " يؤكد في بعض الأحيان الجوانب الإمبريقية للاختبار، إلا أنه يؤكد أيضا دور نظريات علم النفس الدينامكي عند التفكير في بنائه للاختبار.

ويتكون الاختبار من عشر بطاقات متماثلة، خمسة منها مظللة باللونين الأبيض والأسود، وبطاقتين حمراء ورمادي، وثلاثة بطاقات متعددة الألوان.

واستخدم رورشاخ في محاولاته آلافا من بقع الحبر حتى استقر في النهاية على عشر بقع وصمم إجراءات تقدير الدرجات استنادا إلى الملاحظات الإكلينيكية، وتبلورت هذه الإجراءات بعدما قام بتجريب البقع على مجموعات أخرى من الأفراد العاديين، والمتخلفين عقليا، والفنانين، وغيرهم من الأفراد الذين يتسمون بخصائص معلومة.

وعند تطبيق الاختبار تعرض كل من هذه البطاقات على المفحوص، ويطلب منه أن يوضح ما يراه فيها أو ما يمكن أن تمثله بقعة الحبر، ونظرا لأن بقعة الحبر تعد مثيرا غامضا فإن استجابة الفرد تمثل إسقاطه لمعنى معين على المثير، وهذه المعاني التي تم إسقاطها تستخدم بدورها كأساس للاستدلال عن بنية شخصيته وديناميكيتها.

(٣). المقاييس الاجتماعية

(ا) اختبار الاتجاهات العائلية لـ "ليدبا جاكسون":

وهو من الاختبارات الإسقاطية التي استخدمت في مصر، وهو مشابه لاختبار الذات وقد وضعته " ليديا جاكسون" واقتبسه مصطفي فهمي وقننه ليناسب البيئة العربية فهو أحد الاختبارات الإسقاطية التي تستعمل لدراسة ما يعانيه الأطفال من صراعات داخلية تنشأ بسبب العلاقات التي تقوم داخل الأسرة، إما بينهم وبين الأبوين، أو بينهم وبين أخوتهم وأخواتهم. والاختبار في شكله النهائي يتكون من سبع بطاقات مصورة مقننة يمثل كل منها موقفا عائليا من المواقف التالية:

ا - حماية الأم للطفل واعتماده عليها.

٢- انفراد الأبوين بالمودة بينهما دون الطفل وما يترتب على ذلك من تهديد الشعور بالأمن.

٣- الغيرة التي تنشأ في نفس الطفل الأكبر بسبب اهتمام الوالدين بأخيه الأصغر.

٤- ارتكاب الذنب وما يتبع ذلك من شعور بالوحدة وميل إلى الانفراد.

٥- احتمال عدوان الوالدين.

٦- إغراء المحرم والممنوع واحتمال العقوبة.

٧- استجابة الطفل للنزاع والشجار بين الأبوين.

وقد صممت المواقف المختلفة التي تعبر عنها كل بطاقة على نحو يجعل من الممكن تفسيرها تفسيرات مختلفة، يتخذ الطفل ما يناسبه منها وما يطابق حالته النفسية ويتمشى مع ما يعانيه من اضطرابات ومشكلات. وهو إذ يفعل كل ذلك لا يتحدث عن نفسه بطريقة مباشرة وإنما يسقط هذه المشاعر وتلك الأحاسيس على لسان الأفراد الذين يتكون منهم الموقف ويحدث ذلك بطريقة تلقائية، طالما كانت الظروف والطريقة التي يجري بها الاختبار طبيعية، لا توحي للطفل أنه في موقف تمتحن فيه مشاعره الشخصية، أما إذا تنبه الطفل إلى ذلك فإنه يلجأ إلى الحذر والحيطة كوسيلة دفاعية يحمى وراءها خوفه من الإفصاح عن مصادر متاعبه ليجنب نفسه العقاب والحرمان الذي يؤذيه وينغص عليه حياته. (كوافحة، ٢٠٠٣)

مقياس السلوك الاجتماعي المدرسي (ابو أسعد، ٢٠٠٨)

من خلال هذا المقياس يتم التعرف على السلوكات الاجتماعية التي يقوم بها الطلبة في المدرسة من خلال الأبعاد الاجتماعية: المهارات الاجتماعية، ضبط الذات، المهارات الأكاديمية، والأبعاد غير الاجتماعية وهي الغضب والعدوانية، كثرة الطلبات.

أخي المعلم / أختي المعلمة: لدى قيامك بعملية تقييم الطالب على المقياسين ضع جائرة حول الدرجة:

أولا: مقياس سلوك الكفاية الاجتماعية

ويتألف من ٣٢ فقرة تقيس السلوكيات الاجتماعية التكيفية الايجابية التي تؤدي إلى نتائج ايجابية، ويتألف المقياس من ثلاث مقاييس فرعية هي:

- المهارات الاجتماعية الشخصية وتتضمن الفقرات ذات الأرقام

٤، ٥، ٦، ١١، ١٩، ٢١، ٢٢، ٢٥، ٢٨، ٢٩، ٣٠، ٣٢

- مهارات ضبط الذات وتتضمن الفقرات ذات الأرقام ١، ٧ ،١٢، ١٥، ١٦، ١٧، ٢٣، ٢٧، ٣١.

- المهارات الأكاديمية وتتضمن الفقرات ذات الأرقام ٢ ،٣، ٨، ١٣،١٠، ١٤، ١٨، ٢٠.

الرقم	الكفاية الاجتماعية	أبداً	نادراً	أحياناً	غالباً	دائماً
1-	يتعاون مع الطلبة الآخرين في مواقف متعددة					
2-	انتقاله من نشاط إلى نشاط صفي آخر يكون بشكل سلمي وملائم					
3-	يكمل العمل الفردي المطلوب منه في غرفة الصف بدون حث					
4-	يقدم المساعدة للطلبة الآخرين عندما يحتاجون إليها .					
5-	يشارك بفعالية في المناقشات الجماعية والنشاطات					
6-	يفهم مشاكل واحتياجات الطلبة الآخرين					
7-	يحافظ على هدوئه عند ظهور المشاكل					
8-	يصغي وينفذ توجيهات المعلم					
9-	يدعو الطلبة الآخرين للمشاركة في النشاطات					

					10- يطلب توضيحاً للتعليمات بطريقة مناسبة
					11- يمتلك مهارات أو قدرات تنال إعجاب رفاقه
					12- يتقبل الطلبة الآخرين
					13- يعتمد على نفسه في إنجاز الواجبات والمهام الأخرى المطلوبة منه
					14- ينهي النشاطات المطلوبة منه في الوقت المحدد
					15- يتفاهم مع رفاقه إذا استدعى الأمر ذلك
					16- يلتزم بقوانين الصف
					17 يتصرف بلباقة في المواقف المدرسية
					18- يطلب المساعدة بشكل ملائم عند الحاجة إليها
					19- يتفاعل مع نوعيات مختلفة من الرفاق
					20- ينتج عملاً ذا نوعية مقبولة ومتلائمة مع مستوى قدراته
					21- بارع أن يبادر وينضم للمناقشات مع الرفاق
					22- يراعي مشاعر الطلبة الآخرين

23- يستجيب بشكل ملائم عندما يصحح من قبل المعلم					
24- يضبط أعصابه عندما يغضب					
25- يدخل بطريقة ملائمة مع رفاقه في النشاطات الجارية					
26- لديه مهارات قيادية جيدة					
27- يتكيف مع التوقعات السلوكية المختلفة عبر المواقف المدرسية					
28- يمدح مساهمات أو إنجازات الآخرين					
29- يكون حازماً بقدر ملائم عندما تحتاج المواقف منه إلى ذلك					
30- يبحث عنه الرفاق للمشاركة في النشاطات					
31- يظهر قدراً من التحكم بالذات أو ضبط الذات					
32- ينظر إليه الرفاق باحترام					

المقياس (ب)

مقياس السلوك اللااجتماعي

يتألف من ٣٣ فقرة تصف مشكلات السلوك اللااجتماعي والتي تؤدي غالبا إلى نواتج سلبية مثل رفض الرفاق وتوتر العلاقة مع المعلم، ويتألف هذا المقياس من ثلاث مقاييس فرعية وهي:

١. سريع الغضب: ويتكون من ١٤ فقرة تصف سلوكيات تعكس التمركز حول الذات والإزعاج وتقود إلى رفض الرفاق ذات الأرقام ٣٢،٢٩،٢٧،٢٢،٢١،٢٠،١٥،١٤،١٣،١١،٩،٨،٧،١.

٢. عدواني: يتكون من ١٠فقرات تصف سلوكيات فيها خرق واضح لأنظمة وقوانين المدرسة وفيها اعتداء أو إيذاء للآخرين، وتتضمن الفقرات ٢٥،١٩،١٨،١٧،١٢،٦،٥،٤،٣،٢.

٣. كثير الطلبات والفوضوي: ويتكون من ٩ فقرات تعكس سلوكيات تعرقل سير النشاطات التعليمية وتضم كما كبيرا من المطالب غير المناسبة على الآخرين، ويتضمن الفقرات ذات الأرقام ٣٣،٣١،٣٠،٢٨،٢٦،٢٣،١٦،١٠.

الرقم	السلوك اللااجتماعي	أبداً	نادراً	أحياناً	غالباً	دائماً
1-	يلوم الطلبة الآخرين على المشاكل التي تحدث					
2-	يأخذ أشياء ليست له					
3-	يتحدى المعلم أو العاملين في المدرسة					
4-	يغش في الدراسة أو في اللعب					
5-	يقحم نفسه في الشجار					
6-	يكذب على المعلم أو العاملين الآخرين في المدرسة					
7-	يضايق الطلبة الآخرين ويسخر منهم					
8-	وقح أو قليل الاحترام للآخرين					

9-	يستثار بسهولة أو من السهل نرفزته					
10-	يتجاهل المعلم أو العاملين في المدرسة					
11-	يتصرف كأنه أفضل من الآخرين					
12-	يخرب ويتلف ممتلكات المدرسة					
13-	لا يشارك الطلبة الآخرين					
14-	عصبي المزاج أو سريع الهيجان					
15-	يتجاهل مشاعر وحاجات الطلبة الآخرين					
16-	يلح في جذب انتباه المعلم					
17-	يهدد الطلبة الآخرين ويقوم بالعدوان لفظيا					
18-	يشتم أو يستخدم ألفاظا نابية					
19-	يعتدي على الآخرين جسديا					
20-	يهين رفاقه					
21-	كثير التذمر والشكوى					
22-	يتجاهل ويتشاجر مع رفاقه					
23-	يصعب السيطرة عليه					
24-	يضايق الطلبة الآخرين ويزعجهم					
25-	يوقع نفسه في المشاكل في المدرسة					

					يعطل النشاطات التي يجري تنفيذها	26-
					متبجح ومتفاخر	27-
					يصعب الاعتماد عليه	28-
					قاسي مع الطلبة الآخرين	29-
					يتصرف باندفاع وتهور دون تفكير	30-
					غير منتج وتحصيله ضئيل	31-
					يتضايق ويثور بسهولة	32-
					يطلب المساعدة من الطلبة الآخرين بإلحاح .	33-

المراجع

١. إبراهيم، عبد الله سليمان؛عبد الحميد، محمد نبيل (١٩٩٤). العدوانية و علاقتها بموضع الضبط و تقدير الذات لدى عينة من طلاب جامعة الإمام محمد بن سعود الإسلامية بالمملكة العربية السعودية، مجلة علم النفس، الهيئة المصرية العامة للكتاب، القاهرة. ع٣٠.

٢. أبو أسعد، أحمد عبد اللطيف (٢٠٠٩). دليل المقاييس والاختبارات النفسية والتربوية، مركز ديبونو لتعليم التفكير، عمان.

٣. أبو حماد، ناصر الدين (٢٠٠٨). تعديل السلوك الإنساني وأساليب حل المشكلات السلوكية، جدارا للكتاب العالمي، عمان.

٤. أبو حميدان، يوسف. (٢٠٠٣). تعديل السلوك، دار المدى للخدمات المطبعية والنشر، عمان.

٥. ابوعليا، محمد؛ ملحم، عبد القادر (١٩٩٨).فاعلية برنامج غرفة المصادر في التقليل من المشكلات السلوكية لدى عينة من ذوات الصعوبات التعليمية... مجلة مؤتة للبحوث والدراسات، مج١٣،ع٦،الأردن.

٦. أبو عليا، محمد مصطفى (٢٠٠١). أثر العنف المدرسي في درجة شعور الطلبة بالقلق وتكيفهم المدرسي، مجلة دراسات، العلوم التربوية، مج٢٨، ع١.

٧. أبو مغلي،سميح؛ سلامة، عبد الحافظ (٢٠٠٢). علم النفس الاجتماعي، دار اليازوري، عمان.

٨. أبو هاشم، أسعد بن عبد الله (٢٠٠٧). فعالية التدريب على الضبط الذاتي في خفض السلوك العدواني لدى عينة من الأحداث في دار الملاحظة الاجتماعية، رسالة ماجستير غير منشوره، جامعة مؤتة.

٩. الأحمد، أمل (٢٠٠١) حالة القلق وسمة القلق وعلاقتهما بمتغيري الجنس والتخصص، مجلة جامعة دمشق للعلوم التربوية،، دمشق.مج١٧، ع١.

١٠. أسعد،يوسف ميخائيل(د.ت) سيكولوجية الإبداع في الفن والأدب،النشر المشترك، دار الشؤون الثقافية العامة،بغداد والهيئة المصرية العامة للكتاب،القاهرة.
١١. إلياس، تيسير (١٩٨٧). التبول اللاإرادي، نشرة مركز البحث والتطوير التربوي، جامعة اليرموك، الأردن.
١٢. الببلاوي، إيهاب؛عبد الحميد، محمد (د.ت)، التوجيه والإرشاد النفسي المدرسي، بحث منشور.
١٣. بخش، أميرة طه.(٢٠٠١). فعالية الإرشاد الأسري في خفض حدة اضطراب الانتباه المصحوب بالنشاط الحركي المفرط لدى الأطفال المتخلفين عقليا، مجلة الطفولة و التنمية، الرياض، مج٣،ع١.
١٤. بخش، أميرة طه (٢٠٠٢). فعالية برنامج تدريبي لتنمية مهارات التفاعل الاجتماعي في خفض السلوك العدواني لدى الأطفال التوحيديين، مجلة العلوم التربوية، جامعة قطر، ع١.
١٥. البطوش، خالدة عبد الرحمن (٢٠٠٧). العلاقة بين إساءة المعاملة الوالدية كما يدركها الأبناء ومفهوم الذات لدى طلاب جامعة مؤتة، رسالة ماجستير غير منشورة، جامعة مؤتة، الأردن.
١٦. البطوش، آمنه عطا الـلـه(٢٠٠٧). درجة انتشار المشكلات السلوكية لدى طلبة المرحلة الأساسية الدنيا في لواء الأغوار الجنوبية من وجهة نظر معلميهم، رسالة ماجستير غير منشورة، جامعة مؤتة، الاردن.
١٧. البطوش، ريم محمد (٢٠٠٧)، علاقة العنف الأسري والتوتر النفسي لدى الزوجات المعنفات والأبناء المساء إليهم مع بعض المتغيرات الديمغرافية، (رسالة ماجستير غير منشورة)، جامعة مؤتة.
١٨. جميل، محمد (١٩٨٤) قراءات في مشكلات الطفولة، الكتاب الجامعي، جده، ط٢.
١٩. حسان، شفيق (١٩٨٧). الأفعال القهرية (قضم الأظافر، مص الإصبع، الكذب، السرقة) مركز البحث والتطوير التربوي (نشرة، رقم١٢٤)، جامعة اليرموك.
٢٠. حسن، علاء الدين معصوم (٢٠٠٢). الخوف عند الأطفال، مجلة الطفولة والتنمية، مج٢، ع٨.
٢١. حسين، محمد عبد المؤمن (١٩٨٦) مشكلات الطفل النفسية، دار الفكر الجامعي، القاهرة.
٢٢. حمدي، نزية (١٩٨٧). برنامج رفع الكفاية المهنية للمرشدين التربويين في مجال تعديل السلوك "ضعف الانتباه الصفي، نشرة مركز البحث والتطوير التربوي، جامعة اليرموك، رقم ١٢٥.

٢٣. الحميدي، فاطمة مبارك حمد (٢٠٠٤). دراسة للسلوك العدواني وعلاقته بأساليب المعاملة الوالدية لدى عينة من طلبة المرحلة الإعدادية بدولة قطر، مجلة مركز البحوث التربوية، ع٢٥، جامعة قطر.

٢٤. حواشيين، مفيد نجيب (٢٠٠٤). أثر التعزيز الرمزي للمجموعات في تطوير الانتباه لدى طلبة الصف الثالث الأساسي، مجلة البلقاء للبحوث والدراسات، مج١٠، ع٢.

٢٥. الختاتنة،علا علي (٢٠٠٧). أشكال سلوك العنف الجامعي المسجل لدى طلبة جامعة مؤتة وأسبابه من وجهة نظرهم، (رسالة ماجستير غير منشورة،جامعة مؤتة، الأردن.

٢٦. الخطيب، جميل (١٩٨٧). السلوك العدائي والتخريبي، مركز البحث والتطوير التربوي،جامعة اليرموك، (نشرة رقم ١١٩).

٢٧. الخطيب، جمال. (١٩٩٢). تعديل سلوك الأطفال المعوقين. دليل الآباء والمعلمين، الطبعة الأولى، دار الإشراق للنشر والتوزيع- عمان.

٢٨. الخطيب، جمال (١٩٩٤). تعديل السلوك الإنساني، المؤلف، عمان.

٢٩. الخطيب، جمال محمد (٢٠٠٤). فاعلية تطوير معرفة المعلمين بتعديل السلوك في خفض السلوك النمطي، والعدواني، والفوضوي لدى عينة من الأطفال المعوقين عقليا في الأردن،المجلة التربوية، الأردن،مج١٩، ع٧٣.

٣٠. الخطيب، حمال(٢٠٠٤). تعليم الطلبة ذوي الحاجات الخاصة في المدارس العادية، دار وائل، عمان.

٣١. الخليفي، سبيكة يوسف (١٩٩٤). المشكلات السلوكية لدى أطفال المدرسة الابتدائية بدولة قطر، مجلة مركز البحوث التربوية بجامعة قطر، ع٦ السنة الثالثة.

٣٢. الخولي،أمين أنور: الرياضة والمجتمع،سلسلة عالم المعرفة الشهرية، العدد ٢١٦،المجلس الوطني للثقافة والفنون والآداب،الكويت،كنون أول،١٩٩٦ص١٤.

٣٣. الداوود، أسعد فرحان.(١٩٨٢). اشتقاق معايير أردنية لمقياس بيرس-هارس لمفهوم الذات. رسالة ماجستير غير منشورة، جامعة اليرموك، اربد الأردن.

٣٤. دبيس، سعيد بن عبد اللـه إبراهيم (١٩٩٩). مقياس تقدير السلوك العدواني للأطفال المتخلفين عقليا من الدرجة البسيطة، مجلة مركز البحوث التربوية، جامعة قطر، ع١٥، السنة الثامنة.

٣٥. دوجان ، خالد إبراهيم (١٩٩٦). الخصائص الانفعالية والاضطرابات الوجدانية لدى أطفال المرحلة المبكرة، مجلة مركز البحوث في الآداب والعلوم التربوية،جامعة اليرموك، اربد

٣٦. ربزو،جوزيف؛ زابل، روبرت (٢٠٠٢). تربية الأطفال المراهقين والمضطربين سلوكيا، (ترجمة) عبد العزيز وزيدان، دار الكتاب الجامعي،العين.

٣٧. الركيبات، امجد فرحان(٢٠٠٧)، تقدير الجسم وتقدير الذات والقلق الاجتماعي لدى عينة من المراهقين في البادية والريف والمدينة في محافظة العقبة – دراسة مقارنة، رسالة ماجستير غير منشورة، جامعة مؤتة.

٣٨. الريماوي، محمد عودة (٢٠٠٣). علم نفس النمو "الطفولة والمراهقة "، دار المسيرة، عمان.

٣٩. رواقه، غازي؛ الطعاني، حسن؛ قواسمي، هالة (١٩٩٨). أنشطة التربية المهنية ودورها في الحد من ظهور المشكلات السلوكية لدى طلبة المرحلة الأساسية، مجلة أبحاث اليرموك" سلسلة العلوم الإنسانية والاجتماعية"، مج١٤، ع١، الأردن.

٤٠. الزبيدي، عبدالمعين بن عمر(٢٠٠٧). العوامل الخمسة الكبرى في الشخصية لدى الطلبة العنيفين وغير العنيفين في مدارس المرحلة الثانوية (دراسة مقارنة)، رسالة ماجستير غير منشورة، جامعة مؤتة.

٤١. الزريقات، إبراهيم عبد الله (٢٠٠٧). تعديل سلوك الأطفال والمراهقين المفاهيم والتطبيقات، دار الفكر، عمان.

٤٢. الزغل، علي؛ العضيبات، عاطف (١٩٩٠). الشباب والاغتراب، دراسة ميدانية من شمال الأردن، مجلة مؤتة للبحوث والدراسات، مج٥،ع٢، جامعة اليرموك.

٤٣. الزعبي، أحمد محمد (د.ت). السرقة لدى الأطفال.. مشكلة تحتاج إلى حل، مجلة التربية، القنفدة، السعودية.

٤٤. الزعبي، أحمد محمد (١٩٩٧). السلوك العدواني عند الأطفال: كيف نفهمه و نتجنب حدوثه ؟، مجلة التربية، قطر، ع١٢١.

٤٥. الزغول، عماد عبد الرحيم (٢٠٠٦). الاضطرابات الانفعالية والسلوكية لدى الاطفال، دار الشروق، عمان.

٤٦. زهران، حامد عبد السلام (١٩٨٠). التوجيه والإرشاد النفسي، عالم الكتب، القاهرة.

٤٧. زهران، حامد عبد السلام (١٩٩٥). علم نفس النمو"الطفولة والمراهقة"، عالم الكتب، القاهرة.

٤٨. زهران، حامد عبد السلام (٢٠٠٢). التوجيه والإرشاد النفسي، عالم الكتب، القاهرة.

٤٩. زيور، نيفين مصطفى (١٩٨٩). دراسة متعمقة في ديناميات التبول الليلي اللاإرادي، مجلة علم النفس، مج٣، ع١٠.

٥٠. سعيد، عماد محمود (٢٠٠٥). أثر التعزيز على التحصيل العلمي لطلبة المرحلة الأساسية الدنيا من وجهة نظر معلميهم في مدينة قلقيلية، (رسالة ماجستير منشورة، جامعة النجاح الوطنية، فلسطين.

٥١. السفاسفة، محمد إبراهيم (٢٠٠٣). المشكلات السلوكية الشائعة لدى الطلبة بطئي التعلم في غرف المصادر في المدارس الأساسية في إقليم الجنوب في الأردن، مؤتة للبحوث والدراسات، مج١٨،ع٦.

٥٢. سلامة، ممدوحة محمد(١٩٩٠). علاقة حجم الأسرة بالاعتمادية و العدوانية لدى الأطفال، مجلة علم النفس،كلية الآداب، الزقازيق، مج٤،ع١٤.

٥٣. سليمان، عبد الرحمن؛ عبد الحميد، أشرف؛ الببلاوي، إيهاب (٢٠٠٧). التقييم والتشخيص في التربية الخاصة، دار الزهراء، الرياض.

٥٤. السماحى، زينب محمد موسى (٢٠٠٠). فعالية العلاج الأسرى في تخفيض بعض أعراض الاضطرابات السلوكية لدى أطفال الروضة (رسالة ماجستير)، كلية تربية جامعة الزقازيق.

٥٥. سمور، قاسم محمد؛ عواد، محمد مصطفى (٢٠٠٤). الغضب كحالة و سمة لدى عينة من طلبة جامعة اليرموك و علاقته ببعض المتغيرات، مجلة العلوم التربوية. جامعة قطر، ع٥.

٥٦. الشوربجي، نبيلة عباس (٢٠٠٣). المشكلات النفسية للأطفال أسبابها، علاجها، دار النهضة العربية ، القاهرة.

٥٧. شهاب، نبيلة (٢٠٠٣). الاضطرابات السلوكية عند أبناء الأسر والشهداء مقارنة بغيرهم من الأطفال والمراهقين، مجلة العلوم الاجتماعية،جامعةالكويت، مج٣١، ع١.

٥٨. شيفر، شارلز؛ ميلمان، هوارد (٢٠٠٦). سيكولوجية الطفولة والمراهقة: مشكلاتها وأسبابها وطرق حلها، دار الثقافة للنشر والتوزيع، عمان.

٥٩. شيفر، شارلز؛ ميلمان، هوارد (١٩٨٩). مشكلات الأطفال والمراهقين وأساليب المساعدة فيها، منشورات الجامعة الأردنية، عمان.

٦٠. صوالحة، محمد (١٩٩٣). مستوى المشكلات السلوكية لدى الطلبة الذكور في المدارس المؤنثة والمدارس المذكرة من وجهة نظر هيئات التدريس فيها، مجلة أبحاث اليرموك" سلسلة العلوم الإنسانية والاجتماعية، مج٩، ع٤، الأردن.

٦١. صوالحة، محمد أحمد(١٩٩٨). مدى انتشار المشكلات السلوكية لدى الأطفال المعاقين سمعيا(الصم) في الأردن، مجلة العلوم الاجتماعية والإنسانية، ع٤، ليبيا.

٦٢. صوالحة، محمد؛ صوالحة، عبد المهدي.(٢٠٠٤). أنماط المشكلات السلوكية لدى الأطفال التوائم، مجلة جامعة دمشق، مج٢٠، ع١.

٦٣. الضامن، منذر عبد الحميد (١٩٨٤). المشكلات السلوكية عند المراهقين في الأردن، (رسالة ماجستير غير منشورة)،الجامعة الأردنية، عمان.

٦٤. ضمرة، جلال كايد (٢٠٠٨). الاتجاهات النظرية في الإرشاد، دار صفاء، عمان.

٦٥. الطراونة، عبدالله(٢٠٠٧). مبادئ التوجيه والارشاد التربوي: مشكلات الطلاب التربوية، النفسية، السلوكية... دار يافا العلمية للنشر،عمان.

٦٦. الظاهر، قحطان أحمد (٢٠٠٠) تأثير أساليب تعديل السلوك في معالجة السلوك العدواني لتلاميذ المرحلة الابتدائية، مجلة العلوم الاجتماعية و الإنسانية. ليبيا ، ع٦.

٦٧. الظاهر، قحطان. (٢٠٠٤). تعديل السلوك، دار وائل للنشر والتوزيع، عمان، الأردن، ط٢.

٦٨. الظاهر، قحطان أحمد (٢٠٠٤) مصطلحات ونصوص انجليزية في التربية الخاصة، دار اليازوري، عمان.

٦٩. الطلالعة، محمود مسلم (٢٠٠٧). تحري الخصائص السيكومترية لمقياس الذكاء الانفعالي وإيجاد علاقته بالقلق لدى طلبة جامعة مؤتة، رسالة ماجستير غير منشورة، الأردن

٧٠. طه، عبد القادر وآخرون (د.ت). معجم علم النفس والتحليل النفسي، دار النهضة العربية، بيروت.

٧١. عامر، طارق؛ محمد، ربيع (٢٠٠٨). تدريب الأطفال ذوي الاضطرابات السلوكية، دار اليازوري، عمان.

٧٢. عبد الستار إبراهيم (١٩٩٤). العلاج النفسي السلوكي المعرفي الحديث: أساليبه وميدان تطبيقه،، دار الفجر للنشر والتوزيع، القاهرة.

٧٣. عبد المعطي، مصطفى،طلال (٢٠٠٢)، ابحاث في علم الاجتماع نظريات ونقد، منشورات دار هادي، دمشق.

٧٤. عبيد، ادوارد.(٢٠٠٨). المشكلات السلوكية عند الطلبة.. معايير وإشكال، صحيفة الرأي، الأربعاء ١٦ نيسان ٢٠٠٨م، عمان.

٧٥. العزة، سعيد، الهادي، جودت. (٢٠٠١). تعديل السلوك الإنساني. الطبعة الأولى، الدار العلمية ودار الثقافة للنشر والتوزيع، عمان.

٧٦. العسرج، عبد الله بن عبد العزيز فهد (٢٠٠٦). فاعلية استخدام أسلوب التعزيز الرمزي في ضبط المشكلات السلوكية لدى ذوي متلازمة داون في جمعية النهضة النسائية، رسالة ماجستير، جامعة نايف العربيي للعلوم الأمنية، الرياض.

٧٧. العضايلة، نجاة عطا الله سليمان (٢٠٠٤). الخصائص السيكومترية لاستبانه القلق متعدد الأبعاد، رسالة ماجستير غير منشورة، جامعة مؤتة.

٧٨. علي، سعيد أحمد السيد (٢٠٠٥). التبول اللاإرادي لدى الأطفال مشكلة لها حلول، مجلة التربية. قطر، ع١٥٢.

٧٩. عوض، عباس محمود؛ دمنهوري، رشاد (١٩٩٦). علم النفس الاجتماعي نظرياته وتطبيقاته، دار المعرفة الجامعية، الإسكندرية.
٨٠. عويدات، عبد اللـه؛ حمدي، نزيه (١٩٩٧). المشكلات السلوكية لدى طلاب الصفوف الثامن والتاسع والعاشر في الأردن، دراسات العلوم التربوية، الاردن، مج٢٤، ع١.
٨١. العمايرة، محمد. (٢٠٠٢). المشكلات الصفية السلوكية التعليمية الأكاديمية مظاهرها وأسبابها وعلاجها. الطبعة الأولى، دار المسيرة للنشر والتوزيع، الأردن، عمان.
٨٢. العنزي، فريح عويد (٢٠٠٤). العدوانية وعلاقتها ببعض سمات الشخصية في مرحلة المراهقة، المجلة التربوية، مج١٩، ع٧٣.
٨٣. العيسوي، عبد الرحمن (٢٠٠٥). المشكلات السلوكية في الطفولة والمراهقة، دار النهضة العربية، بيروت.
٨٤. العيسوي، عبد الرحمن (٢٠٠٦). في علم النفس الاجتماعي التطبيقي، الدار الجامعية، الإسكندرية.
٨٥. الغبرة، نبيه (١٩٩٣). المشكلات السلوكية عند الأطفال، المكتب الإسلامي،بيروت، ط٤.
٨٦. الغرير، أحمد نايل (٢٠٠٨). مدخل إلى اضطرابات السلوك، كتاب غير منشور.
٨٧. فايد، حسين علي (٢٠٠١). العدوان والاكتئاب في العصر الحديث، المكتب العلمي للكمبيوتر، الإسكندرية.
٨٨. فتحي، عطيات؛ أبو العينين، إبراهيم (١٩٩٧). علاقة الاتجاهات نحو المشكلات الاجتماعية المعاصرة بمظاهر الاغتراب النفسي لدى طلاب الجامعة على ضوء المستوى الاجتماعية الاقتصادي، ملخص رسالة ماجستير، مجلة علم النفس، ع٤٠/٤١.
٨٩. فرحة، خليل(٢٠٠٠). الموسوعة النفسية، دار أسامة، عمان.
٩٠. الفسفوس، عدنان أحمد(٢٠٠٦). الدليل الإرشادي لمواجهة السلوك العدواني لدى طلبة المدارس، بحث منشور، عمان.
٩١. فضة، وفاء منذر (٢٠٠٤). مشاكل طفلك النفسية، مكتبة المجتمع العربي، عمان.
٩٢. القمش، مصطفى نوري؛ المعايطة، خليل عبدالرحمن (٢٠٠٧).الاضطرابات السلوكية والانفعالية، دار المسيرة، عمان.
٩٣. كازدين، ألان (٢٠٠٠). الاضطرابات السلوكية للأطفال والمراهقين، دار الراشد،القاهرة.
٩٤. كوافحة، تيسير مفلح؛ عبد العزيز، عمر فواز (٢٠٠٣). مقدمة في التربية الخاصة، دار المسيرة، عمان.

٩٥. كوافحة، تيسير مفلح (٢٠٠٣). القياس والتقييم وأساليب القياس والتشخيص في التربية الخاصة، دار المسيرة، عمان.

٩٦. مبارك، رولا فهد. (١٩٩٦). أثر برنامج التعزيز الرمزي على المشاركة الصفية لأطفال ما قبل المدرسة. رسالة ماجستير غير منشورة، الجامعة الأردنية، عمان.

٩٧. المجالي، أميرة عريف(٢٠٠٥). أثر استخدام برنامج تعزيز رمزي في خفض سلوك النشاط الزائد لدى طلبة الصف الأول الأساسي، (رسالة ماجستير غير منشورة)، جامعة مؤتة، الأردن

٩٨. محادين،حسين طه:محاضرات المدخل إلى العنف الأسري،(غير منشورة) قسم علم الاجتماع،جامعة مؤتة؛ ٢٠٠٧.

٩٩. محادين،حسين: مجلة المجلة، في ملف أزمة الهوية في ظل تحديات العولمة، العدد ١٤٤٠؛ ٢٢/٩/٢٠٠٧.

١٠٠. محمد / أميرة علي،(٢٠٠٨). المرجع في الطفولة المبكرة، الدار العالمية،القاهرة.

١٠١. محمد، عادل. (٢٠٠٣). تعديل سلوك الأطفال المتخلفين عقليا باستخدام جداول النشاط المصورة، دراسات تطبيقية. دار الرشاد للنشر والتوزيع، القاهرة.

١٠٢. محمود خضر المسيعدين، محمود خضر(٢٠٠٧). علاقة الذكاء الانفعالي والتفكير المنطقي في أساليب حل المشكلات لدى طلبة الصف الأول الثانوي في مديرية التربية والتعليم في محافظة الطفيلة، رسالة ماجستير غير منشورة، جامعة مؤتة، الأردن.

١٠٣. مسعد، صافيناز أحمد كمال (٢٠٠٤).فعالية الإرشاد الأسري في خفض اضطرابات الانتباه المصحوب بنشاط حركي زائد لدى الأطفال المعاقين ذهنيا، ملخص رسالة دكتوراه منشوره.

١٠٤. المعايطة، خليل عبد الرحمن؛(٢٠٠٠)علم النفس الاجتماعي الطبعة الأولى،دار الفكر للطباعة والنشر،عمان

١٠٥. منصور، محمد جميل محمد (١٩٨٤).قراءات في مشكلات الطفولة، النصر للطباعة، جدة.

١٠٦. مختار، وفيق صفوت(١٩٩٩). مشكلات الأطفال السلوكية: الأسباب وطرق العلاج، دار العلم والثقافة، القاهرة.

١٠٧. المشاعلة، حنان محمود (٢٠٠٧). الخصائص السيكومترية لاختبار الكشف المبكر لمرحلة ما قبل المدرسة، رسالة ماجستير غير منشورة، جامعة مؤته.

١٠٨. مطاوع، محمد مسعد عبد الواحد (٢٠٠٦). المشكلات السلوكية لدى التلاميذ مرتفعي ومنخفضي القابلية للاستهواء، رسالة ماجستير منشورة، جامعة الفيوم .

١٠٩. موسى، رشاد علي عبد العزيز؛ الصباطي، إبراهيم سالم محمد (١٩٩٣). دراسة مقارنة بين طفل القرية وطفل المدينة في المشكلات السلوكية والتوافقية، مجلة مركز البحوث التربوية بجامعة قطر،ع٤، السنة الثانية.

١١٠. ميخائيل، أسعد،يوسف(د.ت)، سيكولوجية الإبداع في الفن والأدب،،بغداد والهيئة المصرية العامة للكتاب،القاهرة.

١١١. نشواتي، عبد المجيد (١٩٨٧). القلق الاجتماعي " مفهومة، حالاته، تعديله " مركز البحث والتطوير التربوي، جامعة اليرموك.

١١٢. وريكات، خوله يحيى؛ الشحروري، ملك (١٩٩٦). المشكلات السلوكية للطلبة المكفوفين في مراكز التربية بمتغيرات الجنس والعمر، دراسات العلوم التربوية،الاردن مج٢٣، ع١.

١١٣. يحيى، خوله أحمد (٢٠٠٠). الاضطرابات السلوكية والانفعالية، دار الفكر، عمان.

١١٤. يحيى، خوله، وعبد العزيز، عمر. (٢٠٠٣). فاعلية استخدام أسلوبي التعزيز الرمزي والعزل في خفض السلوك العدواني لدى عينة من الأطفال المعوقين عقليا. مجلة العلوم التربوية، مج٣٠، ع٢.

١١٥. يحيى، خوله. (٢٠٠٣). ضبط سلوك المضطربين سلوكيا وانفعاليا وبخاصة في المجال الصفي. دار الفكر للطباعة والتوزيع، القاهرة.

١١٦. يوسف، جمعة. (٢٠٠٠). الاضطرابات السلوكية وعلاجها، الدار العربية للنشر والتوزيع، القاهرة.

١١٧. يوسف، جمعة سيد؛ خليفة، عبد اللطيف. (٢٠٠٠). الخجل و التوافق الاجتماعي: دراسة ثقافية مقارنة بين مجموعتين من طلاب الجامعة السعوديين و الكويتيين: مجلة العلوم الاجتماعية، مج٢٨،ع٣.

١١٨. يوسف القريوتي، عبد العزيز السرطاوي، جميل الصمادي(٢٠٠١): المدخل إلي التربية الخاصة، دبي: دار القلم.

١١٩. يوسف، محمد. (١٩٩٣). فاعلية برنامج التعزيز الرمزي في خفض السلوكات غير التكيفية لدى المتخلفين عقليا. رسالة ماجستير غير منشورة – الجامعة الأردنية.

١٢٠. المعجم المفهرس لألفاظ الحديث، ج١،ص٤٩١.

المراجع الأجنبية

1. Ghaziuddin ,Mohammad (2005). Mental Health Aspects of Autism and Asperger Syndrome , Jessica Kingsley Publishers, London.

2. Lord ,Catherine and James P. McGee, editors(2001), Educating children with autism / Committee on Educational Interventions for Children with Autism, Division of Behavioral and Social Sciences and Education, National Academies Press, Washington .

3. OLLENDICK ,THOMAS H; MARCH, JOHN (2004). Phobic and Anxiety Disorders in Children and Adolescents: A Clinician's Guide to Effective Psychosocial and Pharmacological Intervention, OXFORD UNIVERSITY PRESS, , USA

المراجع الإلكترونية

- شبكة أطفال الخليج، http://www.gulfkids.com، 15/6/2008 وللاستزادة أنظر:-
-. البحيصي، أسماء أحمد، الطفولة مشاكل وحلول.
-. الصبي، عبدالله، درجات التخلف الفكري.
-. المهدي، محمد، اضطراب السلوك (التصرف.(

سيره ذاتيه

الدكتور حسين طه محادين

- دكتوراه في علم اجتماع التنمية مرتبة الشرف الأولى بتقدير امتياز1999 ، من معهد البحوث والدراسات العربية – القاهرة .

- أستاذ مساعد في قسم علم الاجتماع– جامعة مؤتة .

1- مؤلفات منشورة

- استثمار الوقت عند الشباب الأردني/ عمان 1996 .

- قيم العمل في المجتمع الأردني دراسة سوسيولوجية جيليّة– بيروت 2003 .

- عمان كما يراها المثقفون (مشترك) رابطة الكتاب الأردنيين 2005 .

- قضايا الاتصال والإعلام في الأردن والوطن العربي (مشترك) مؤسسة عبد الحميد شومان – عمان ،2007 .

2- الدراسات الأكاديمية والمشاركات

- اتجاهات أرباب الأسر نحو إدارة الوقت : دراسة ميدانية ، على الأسر الأردنية العامله في مصنع البوتاس– مجلة مؤتة للبحوث والدراسات 2004 .

- تغير ثقافة الطعام في المجتمع الأردني– المنسف أنموذجاً ، دراسة جيليّة محكمة– مؤتة للدراسات الإنسانيه ،2006 .

- أثر التقانة على العلاقات الأسرية في المجتمع الأردني – الهاتف الخلوي أنموذجاً– مجلة الجامعات الأردنية للدراسات الاجتماعية ، عمان(2009) قيد الطبع .

- ناقش وحكم عدداً من رسائل الماجستير في حقلي علم الاجتماع والتربية .

- عضو مشارك في المؤتمر الدولي الثاني والأربعين لبيوت الشباب العالمية فرنسا وألمانيا 2001 .

3- النشاطات العامة والاهتمامات:

- عضو رابطة الكتاب الأردنيين واتحاد الأدباء والكتاب العرب .

- عضو مؤسس ، ورئيس الملتقى الثقافي في محافظة الكرك لدورتين .

- عضو الهيئة العربية للتواصل الحضاري– بيت الأنباط– البتراء .ط1